LA VIERGE

DE SAINT LUC

A SAINTE-MARIE MAJEURE

APPROBATION

DE

SA GRANDEUR MONSEIGNEUR L'ARCHEVÊQUE DE RENNES

Nous approuvons bien volontiers une notice historique qui a pour titre, *la Vierge de saint Luc*, composée à Rome même par M. l'abbé Milochau, chanoine honoraire de notre église métropolitaine. Nous croyons que cet écrit, plein de curieuses recherches, où la piété s'allie avec la science, offrira un grand intérêt aux amis des études hagiographiques et des pieuses traditions.

Rennes, le 25 juillet 1862.

† G. Archevêque de Rennes.

CORBEIL. — Typ. et stér. de CRÉTÉ.

LA VIERGE
DE SAINT LUC

A SAINTE-MARIE MAJEURE

PAR

M. L'ABBÉ ANSELME MILOCHAU

CHANOINE HONORAIRE DE RENNES

LIBRAIRIE CATHOLIQUE DE PERISSE FRÈRES,

IMPRIMEURS DE N. S. P. LE PAPE

PARIS	&	LYON
NOUVELLE MAISON		ANCIENNE MAISON
RÉGIS RUFFET ET Cⁱᵉ, SUCCᵘˢ		RUE MERCIÈRE, 49
RUE SAINT-SULPICE, 38		ET RUE CENTRALE, 34

1862

LA VIERGE

DE SAINT LUC

A SAINTE-MARIE MAJEURE.

Le voyageur chrétien qui entre pour la première fois à Sainte-Marie Majeure, est tout ensemble ébloui et charmé. Cette splendeur, cette magnificence lui annoncent la reine des basiliques consacrées à la Mère de Dieu, et le premier de ses sanctuaires. Cette noble simplicité, cette pureté de lignes lui rappellent la Vierge qui choisit ce lieu, en marqua les contours et sembla vouloir s'y manifester elle-même sous ce gracieux symbole de la neige, image de ses humbles et éclatantes vertus (1).

Après un premier hommage rendu à Marie, sous l'impression confuse et vague de ce sentiment, il se relève, jette un regard autour de lui et se prépare à parcourir en détail les beautés et les richesses qu'il entrevoit de tous côtés.

A droite, sous cette coupole où la généalogie du Sau-

___

(1) On sait que Sainte-Marie Majeure fut fondée à la suite d'une double apparition de la sainte Vierge au pape Libère, et au patrice Jean et à sa femme, sur l'emplacement marqué par la neige qui tomba miraculeusement dans la nuit du 4 au 5 août sur l'Esquilin. De là vient qu'elle porte, entre autres noms, celui de Sainte-Marie des Neiges. (V. le *Brev. rom.*, au 5 août.)

veur se déroule au milieu de l'or, des stucs et des marbres de prix, il vénère la crèche et les souvenirs de la sainte enfance.

A gauche il n'aperçoit nul autre objet de son culte, qu'une simple image, œuvre d'un peintre médiocre, noircie par le temps, pour laquelle les souverains pontifes n'ont pas cru trop faire que d'élever cette chapelle, dont la magnificence efface l'éclat même de sa voisine. Rome n'a rien de plus splendide; et vous chercheriez en vain dans le reste du monde un sanctuaire qui pût lui être comparé.

C'est que cette image est la plus ancienne, la première qui ait reçu les hommages des fidèles, le vrai portrait de la sainte Vierge, peint par la même main qui, dans l'Évangile, nous a retracé l'histoire de l'enfance de Jésus et de ses rapports avec sa mère.

Depuis le temps de saint Grégoire le Grand et au delà, personne n'en avait jamais douté. Il a fallu, pour y contredire, l'esprit de négation et de destruction du protestantisme. Les croyances les plus pieuses et les plus respectables devaient trouver moins de grâce encore, aux yeux des novateurs, que les dogmes les plus inébranlables et les plus sacrés. Les premiers, les centuriateurs de Magdebourg osèrent s'inscrire en faux contre la tradition qui faisait de saint Luc un peintre, et lui attribuait des portraits de la sainte Vierge. Tous les écrivains du parti ont répété leurs objections.

Des auteurs catholiques, aux dix-septième et dix-huitième siècles, entraînés par l'abus de la critique et par une excessive sévérité, ont embrassé et soutenu, bien qu'avec plus de modération et de réserve, la même opinion.

Les historiens de la peinture, guidés par des théories qui, comme nous le verrons, n'ont pas toutes résisté au temps et aux découvertes modernes, suivirent l'exemple qui leur était donné.

Si bien que cette antique croyance de l'Église semble définitivement reléguée au rang de ces fables pieuses dont les hommes sérieux n'ont plus à s'occuper. Les guides le plus en vogue dédaignent d'en parler à leurs lecteurs, et bien des étrangers passent à Rome sans même jeter un coup d'œil sur la sainte image, et sans se douter peut-être que les siècles l'ont vénérée sous ce titre.

Rome n'a jamais accepté ces prétentions d'une science plus imprudente que profonde. Sans s'émouvoir de ce flot toujours croissant d'opposition et d'oubli, forte de son droit et de sa possession quinze fois séculaires, elle a maintenu sa tradition. Nous croyons ne point faire une œuvre inutile et dénuée d'intérêt, en consacrant quelques pages à en exposer les preuves et à en retracer l'histoire. Ce ne sera pas la première fois qu'une pieuse croyance, longtemps méprisée, se trouvera être le dernier mot de la science et sortira victorieuse d'un examen sincère et impartial. Nous ne voulons point nous donner le ridicule d'une comparaison ambitieuse, à propos d'une simple notice sur un objet d'une importance aussi secondaire ; et nous nous abstenons de rappeler l'Apostolat des saintes Madeleine et Marthe en Provence, de M. Faillon, la sainte Cécile de dom Guéranger, et les magnifiques découvertes de M. de Rossi sur les catacombes ; mais il n'en demeure pas moins vrai, et on nous permettra de puiser dans cette pensée un encouragement pour notre travail, que bien des arrêts rendus contre les traditions romaines ont été cassés de nos jours.

Dans ce simple essai, nous n'avons rien de tel à faire : rien n'est perdu, rien n'est à découvrir. Il suffit de rappeler et de remettre en lumière des faits, des textes et des témoignages qui sont partout, plus connus toutefois à Rome qu'en France; et c'est là notre excuse, si nous venons après tant d'autres traiter un sujet qui peut sembler épuisé (1).

Mais alors même que, contrairement à notre attente, nos conclusions ne devraient pas être admises par tous nos lecteurs, nous entreprendrions encore ce travail sans aucune crainte, et nous n'hésiterions pas à attirer l'attention sur ce sujet. La piété des fidèles n'y peut rien perdre.

Nous savons qu'elle n'est pas attachée uniquement à l'origine de l'image, à la fidélité du portrait. Il semble même que pour écarter du culte des saints et de sa Mère toute idée sensible et matérielle, Dieu se soit complu à en glorifier les représentations les plus imparfaites et les plus grossières : témoins Notre-Dame de Fourvières et Notre-Dame de Chartres, témoin la plupart des statues et des tableaux des sanctuaires les plus célèbres. C'est l'effusion des grâces et des miracles qui attire la confiance et la dévotion des chrétiens. Le peuple s'empresse aux pieds des autels où la vertu de Dieu se manifeste, où la sainte Vierge apparaît vivant et opérant dans ses images : altéré, il accourt à la source des eaux vives en quelque endroit qu'elle se révèle. C'est ainsi, pour ne point sortir de Rome, que la Vierge de saint Augustin a conquis, presque de nos jours, cette renommée, ces *ex-voto*, et ces richesses qui frappent l'étranger d'étonnement et de stupeur.

L'âge n'enlève rien à ce prestige; on dirait plutôt que cette puissance se multiplie en traversant les siècles, à

---

(1) Un grand nombre d'auteurs ont traité *ex professo* la question qui nous occupe ; on en trouve la liste à la fin du *Mémoire historique* publié l'année dernière *sur l'antique image de Sainte Marie Majeure et son culte*, par Mgr Fabi Montani, chanoine de la basilique. Il serait injuste de ne pas avouer tout d'abord que nous avons beaucoup puisé dans cette excellente brochure. Nous crûmes, en la voyant annoncer, que nous n'aurions qu'à la traduire. Une première lecture nous convainquit bien vite qu'elle n'était faite que pour les Romains. Quelque complète qu'elle soit, elle ne nous a pas dispensé de recourir aux sources.

mesure que les prières des générations chrétiennes s'accumulent dans le sanctuaire d'où elle émane. A tous ces titres, aucun lieu consacré à la sainte Vierge ne saurait disputer la prééminence à Sainte-Marie Majeure. Et cette image, qui est comme le centre et l'âme de la basilique. n'en eût-elle pas d'autres, qu'elle serait encore la première dans la vénération, l'amour et la confiance des fidèles (1).

La marche que nous suivrons sera toute simple et se trouve toute tracée à l'avance par les quelques considérations qui précèdent. Nous aurons à examiner d'abord si saint Luc a été peintre, et s'il a fait le portrait de la sainte Vierge ; et ensuite si le tableau conservé à Sainte-Marie Majeure, et qu'on lui attribue, est réellement de lui. Nous terminerons par un exposé rapide de l'histoire de cette sainte image, depuis les premiers siècles jusqu'à nos jours.

(1) Lorsqu'il est question des sanctuaires de la sainte Vierge, Notre-Dame de Lorette occupe toujours un rang à part.

Si on voulait en trouver un autre qui pût rappeler ce lieu béni à tous ceux qui ont eu le bonheur d'y prier, ou donner l'idée de ses grâces à ceux qui n'ont pu faire ce pèlerinage, Sainte-Marie Majeure, avec son origine miraculeuse, son admirable histoire, les saints qui reposent sous ses autels, les reliques de l'enfance du Sauveur et le portrait de la sainte Vierge par saint Luc, pourrait peut-être soutenir la comparaison sans trop de désavantage. On y retrouverait Bethléem, comme Nazareth à Notre-Dame de Lorette.

I.

Saint Luc a été peintre et a fait le portrait de la sainte Vierge.

Remarquons, pour prévenir toute méprise, qu'il ne s'agit pas encore de savoir si nous possédons des exemplaires authentiques de ce portrait : nous le verrons en son lieu. Mais que l'Évangéliste ait aussi été peintre, et que de la même main qui écrivait l'histoire du fils, il ait dessiné l'image de la mère, léguant ainsi aux premiers fidèles un double et inestimable trésor, il nous semble difficile, pour ne pas dire impossible, de le révoquer en doute.

Benoît XIV, dans son célèbre ouvrage sur la Canonisation des saints, termine le chapitre qu'il consacre à l'examen de cette question par ces mots empruntés au *Traité du peintre chrétien* de d'Ayala (1) : « Il n'est pas « permis à un écrivain pieux et catholique de penser le « contraire. » Les leçons du Bréviaire romain, approuvées pour le clergé de Sainte-Marie Majeure, sont tout aussi formelles et plus explicites encore. Ce sont là de graves autorités : si elles ne tranchent pas la question sans appel, on conviendra du moins qu'elles forment un préjugé respectable en faveur de cette antique croyance.

Nous avouons du reste, en ce qui nous concerne, ne pas comprendre pour quelle raison des auteurs catholiques n'ont pas craint de s'élever contre elle, aux dix-septième et dix-huitième siècles. Qu'ils discutent les preuves sur lesquelles elle repose, qu'ils constatent, s'ils

______
(1) L. IV, p. ii, cap. 10.

le peuvent, leur insuffisance à établir une démonstration évidente et complète : c'était leur droit ; et ceux mêmes qui n'auraient pas cru devoir se rendre à leurs conclusions, ne leur en auraient pas fait de reproches. Mais lorsque, sans argument sérieux, sans textes, sans raisons positives, ils passent de là jusqu'à nier, j'allais dire jusqu'à tourner en ridicule cette tradition chère à toute l'antiquité chrétienne, ils justifient à l'avance la sentence sévère portée contre eux par Benoît XIV.

Et ce n'est pas seulement la science qui les condamne.

Cette pieuse croyance est si naturelle, elle répond si bien aux sentiments les plus intimes et les plus profonds, à l'instinct même de tout cœur chrétien, qu'elle semble, pour se faire accepter, avoir à peine besoin de preuves, qui du reste ne lui font pas défaut.

Qui de nous, en effet, n'y a songé mille fois ? qui de nous ne s'est demandé ce que devaient être Jésus et Marie pendant leur passage sur la terre ? Qui n'a essayé de s'en faire une image ? qui n'a désiré d'entrevoir dans quelque représentation, si imparfaite qu'elle fût, ce visage au travers duquel rayonnait la divinité du Sauveur, et ces traits de la nouvelle Ève, où resplendit toute la noblesse et la beauté de la nature humaine immaculée, qui déjà annonce et promet le salut ?

Les premiers fidèles ont eu ce désir comme nous l'avons aujourd'hui. La loi juive était brisée avec ses entraves et ses scrupules. Et d'ailleurs, si jamais elle avait défendu ces sortes de représentations, depuis longtemps elle était abrogée sur ce point.

Notre-Seigneur lui-même semble condescendre à leurs vœux et se prêter à les satisfaire.

Loin de condamner la piété de l'hémorroïsse qui lui élevait une statue de bronze dans sa ville natale, il la sanctionne par un miracle permanent (1). Il envoya son portrait à Abgare, roi d'Édesse, qui le lui avait demandé; et Rome conserve, comme une de ses plus précieuses reliques, le voile sur lequel il imprima sa sainte face en marchant au Calvaire (2).

Eusèbe, dans ce même chapitre, à l'occasion de la statue érigée par l'hémorroïsse, nous parle de portraits contemporains des apôtres saint Pierre et saint Paul, que l'on conservait encore de son temps. Ces portraits ont été retrouvés dans les catacombes de Rome, sur des verres remontant aux premiers siècles : et ce ne sont point des figures d'imagination, mais de vrais et fidèles portraits, comme le montrent leur ressemblance entre eux, l'invariabilité du type adopté pour chacun des apôtres, et leur conformité avec la tradition (3).

Nous voyons la sainte Vierge conserver avec un soin religieux la crèche, les langes et les premiers vêtements du Sauveur. Elle marque le lieu qu'il a consacré par sa

(1) Au témoignage d'Eusèbe, une plante inconnue croissait autour du piédestal de la statue, et lorsqu'elle avait atteint le bord du manteau du Sauveur, elle s'imprégnait de la vertu qui avait guéri l'hémorroïsse, et servait à opérer des guérisons semblables.

Cette statue fut détruite par Julien l'Apostat. Voici à ce sujet le récit de Sozomène (*Hist.*, l. V, ch. 21) :

« Julien, ayant appris que l'on conservait à Césarée de Philippe, appelée aussi Panéades, la célèbre statue érigée à Jésus-Christ par la femme qu'il avait guérie d'une perte de sang, la fit abattre et remplacer par sa propre image. Mais bientôt le feu du ciel tombant avec violence sur cette nouvelle statue en détacha la tête et le cou, qu'il enfonça dans le sol, et laissa sur le tronc les traces encore visibles de son passage. Les païens traînèrent alors la statue du Sauveur par les rues de la ville, et la mirent en pièces. Dans la suite, les Romains en recueillirent les morceaux et les déposèrent dans l'église, où on les conserve encore. »

(2) Nous savons parfaitement que tous les critiques n'admettent pas ces trois images. Mais les difficultés qu'ils y opposent sont loin de nous sembler concluantes. Le fussent-elles, qu'elles ne détruiraient pas ce que nous avons dit des sentiments des premiers chrétiens, que cette histoire nous manifeste. On peut voir les objections et les réponses dans Sandini, *Historia familiæ sacræ*. Le portrait envoyé à Abgare est venu de Constantinople à Rome, où il se vénère dans l'église de Saint-Silvestre *in Capite*.

(3) Saint Augustin, saint Ambroise et d'autres écrivains des premiers siècles

naissance, dans l'étable de Bethléem. L'Église de Jérusalem reçut de ses mains ces saintes reliques ; elle y ajouta celles de la passion ; plus tard, celles de la sainte Vierge elle-même : le monde entier lui enviait ce trésor, et venait le vénérer sur les lieux mêmes où il avait été formé, jusqu'au jour marqué dans les desseins de la Providence, qui le fit passer à de nouveaux sanctuaires.

Est-ce que le portrait de Marie aurait été pour les fidèles un souvenir moins précieux que sa tunique, sa robe ou sa ceinture? Est-ce qu'ils se seraient montrés moins désireux de le posséder, et moins zélés pour l'obtenir? Plus on y réfléchit et moins on en saurait douter. Ils ont prié leur mère de ne pas les quitter sans leur laisser son image, comme un dédommagement de la perte qu'ils allaient faire : et comment aurait-elle pu leur refuser cette consolation?

Elle ne pouvait ignorer d'ailleurs que cela entrait dans les desseins de la Providence, et que de graves raisons exigeaient qu'elle se rendît à leurs vœux. Il convenait en effet que le culte des saintes images, comme celui des saintes reliques, commençât par elle et par son Fils.

Par le fait, tous les chrétiens de l'Orient et de l'Occident le croient depuis les temps les plus reculés. Au sixième siècle, de l'aveu de tous, cette persuasion est universelle: on est forcé de la reconnaître dès le commencement du cinquième, dans des circonstances dont nous pourrons apprécier bientôt la valeur toute

font mention de ces portraits des princes des apôtres. Saint Jean Chrysostome les conservait dans sa chambre à coucher. Ils étaient si familiers aux anciens, que saint Ambroise reconnaît sans hésiter saint Paul, qui lui apparaît en vision. Saint Pierre et saint Paul apparaissent, pour les convertir, à des païens qui ne les connaissent pas encore, et les retrouvent dans les portraits conservés dans les églises. On raconte la même chose de malades guéris par eux. (V. Sandini, *Historia Apostolica.*)

Nicéphore Calixte, au xiiie siècle, est le premier qui leur donne saint Luc pour auteur.

particulière. Dès l'origine, beaucoup d'églises se sont fait gloire de posséder ce portrait ; et on conserve encore plusieurs de ces antiques images. Toutes nous présentent le même type, la même physionomie, le même caractère : c'est manifestement la même personne représentée par un art, tantôt plus grossier, tantôt moins imparfait, dans des situations et des circonstances différentes. Ce serait méconnaître la nature humaine, les exigences et les délicatesses de l'amour, que de supposer que ces portraits aient été acceptés sans examen par les premiers auxquels ils furent présentés. Ceux qui avaient vécu avec la sainte Vierge ne pouvaient s'y méprendre. Ils auraient rejeté avec dédain toute image qui n'aurait pas reproduit ces traits qu'ils conservaient religieusement gravés au fond de leur cœur. Les générations suivantes n'étaient guère moins à l'abri de toute surprise : leur pieuse curiosité n'avait pas manqué d'interroger sur la Mère du Sauveur, ceux qui avaient eu le bonheur de la voir et de la contempler de leurs yeux. De là cette tradition dont nous retrouverons les traces, écrites plus tard, chez les Pères et les auteurs ecclésiastiques, mais qui se montre déjà visible dans les peintures qui nous occupent. Leur ressemblance entre elles demeure inexplicable, si l'on n'admet pas qu'elles sont l'œuvre d'une même main, ou du moins des copies d'un premier portrait authentique et fidèle ; leur *autorité,* si l'on veut nous passer ce mot, ne permet pas de les attribuer à l'imagination d'un artiste de hasard. La reconnaissance des fidèles, qui nous a conservé le nom des évangélistes, n'a pu laisser périr celui du peintre qui les dota de ce trésor. Nous sommes de toute manière conduits à accepter celui que nous offre la tradition ; et Raphaël écrivait une page d'histoire, lorsque, dans un de ses chefs-d'œuvre, il nous représente saint Luc en extase, peignant la sainte Vierge qui pose devant lui, tenant son Fils entre ses bras (1).

Saint Luc en effet, par tout ce que nous savons de lui, semble avoir été préparé providentiellement pour ce ministère. Il était né dans cette ville d'Antioche, le centre de la civilisation grecque en Orient, qui rivalisait avec Rome, Athènes et Alexandrie, dans la culture des lettres et des beaux-arts. Rien ne lui avait manqué de ce qui peut servir à former l'esprit, à l'enrichir et à l'orner. Médecin, on n'en saurait douter d'après le témoignage de toute l'antiquité chrétienne (2) commentant celui de saint Paul (3); versé dans la littérature grecque, ses œuvres en font foi; peut-être Grec lui-même, ce qui du reste n'est nullement nécessaire à la thèse qui nous occupe, il avait pu, comme on le ferait de nos jours, compléter son éducation en prenant une légère teinture des arts d'agrément. Les portraits dont nous parlons ne requièrent nullement la main d'un maître. Si l'on veut qu'un simple talent d'amateur n'y ait pas suffi (et celui de Sainte-Marie Majeure en effet semble exiger quelque chose de plus), pourquoi ne pas supposer qu'il ait travaillé pour se mettre en état de satisfaire aux pieux désirs des fidèles, ou même qu'une grâce spéciale l'ait dirigé dans une œuvre qui intéressait l'Église entière?

Dom Calmet (4), à la suite de Grotius, de Tillemont, de Baillet et des savants de leur école, croit se débarrasser du témoignage écrasant de la tradition sur ce point, en

---

(1) Ce tableau fut fait pour la confrérie des artistes érigée à Rome, sous le titre de saint Luc. Elle avait d'abord son oratoire tout près de Sainte-Marie Majeure, et sous la protection de la Vierge de l'Évangéliste. Lorsqu'il fut détruit par Sixte V, ils demandèrent et obtinrent l'église de Sainte-Martine, dans le voisinage d'une autre des images peintes de la main de leur patron, de celle qui se conserve à Sainte-Marie d'*Ara Cœli*.

(2) V. Sandini, *Hist. Apost., ad S. Lucam.*

(3) *Coloss.* IV, ỳ 14.

(4) D. Calm., préface de l'Évangile selon saint Luc, vers la fin.

nous disant que saint Luc a fait le portrait de la sainte Vierge dans son Évangile, lorsqu'il nous a retracé ses vertus, ses mystères, la naissance et l'enfance de son Fils. Nous nous inclinons devant l'autorité du savant bénédictin, toutes les fois qu'il s'agit de linguistique ou d'érudition : mais il nous serait difficile en ce moment de ne pas songer aux reproches si souvent adressés à son jugement et à sa critique. Cette observation est de celles qui ne se discutent pas. Saint Luc, il est vrai, était initié à tous les détails de la vie de la sainte Vierge et de son Fils : son Évangile en fait foi ; et c'est un des mérites qui le distinguent des trois autres. Tous les Pères et tous les commentateurs en concluent qu'il a dû la connaître et vivre dans son intimité ; et nous puisons dans ce fait une nouvelle induction à l'appui de cette tradition antique : si des esprits trop délicats répugnaient à l'idée de voir la Mère de Dieu poser devant un évangéliste, rien ne s'oppose à ce qu'il n'ait fait son portrait de mémoire, grâce à la facilité de ses rapports.

On a peine à le croire, et on ne peut guère l'expliquer que par une hostilité systématique contre ces pieuses croyances, des savants sont allés jusqu'à nous opposer l'âge de la sainte Vierge, que saint Luc nous a peinte avec Jésus enfant entre ses bras, lorsqu'il est certain, de son propre aveu, qu'il n'a pu la voir qu'après la passion du Sauveur (1).

Michel-Ange avait déjà résolu cette objection. On lui reprochait d'avoir, dans son célèbre groupe de la *Pietà*, représenté Marie aussi jeune que son fils, dont le corps inanimé repose sur ses genoux. « Et ne savez-vous donc « pas, répondait-il à ses critiques, que la virginité parfaite « conserve la jeunesse du corps aussi bien que celle de

____

(1) Évang., secund. Lucam, c. I, y 2.

l'âme? » Le grand artiste trouvait dans son génie cette révélation, que des âmes pures et saintes recevaient d'une lumière supérieure. Sainte Brigitte, Marie d'Agréda, Catherine Emmerich nous apprennent que la vieillesse n'avait point imprimé ses traces sur ce visage et sur ce corps immaculé. Mais alors même que nous laisserions de côté cet ordre d'idées, qui pourtant est le vrai, est-il donc si difficile à un peintre de rajeunir le modèle qui pose devant lui; et a-t-il besoin de tant de science ou d'imagination pour rendre à des traits vieillis l'air, les couleurs et la vie de la jeunesse? .

Conservons donc cette physionomie de saint Luc, telle que nous l'ont léguée nos pères. Médecin des corps, il devient médecin des âmes. Disciple de saint Paul, il se convertit tout entier : et désormais sa plume ne servira plus qu'à l'histoire de Jésus et aux Actes des apôtres ; et son pinceau ne reproduira que l'image de Marie et celle de son Fils. Évangéliste à double titre, il parle à l'esprit et aux yeux ; il s'adresse aux savants et aux ignorants, à l'enfance et à l'âge mûr; et transmet à toutes les générations chrétiennes cette double contemplation qui avait fait la gloire et le bonheur de sa vie, et qui maintenant fait sa couronne au ciel.

Toutes ces considérations seraient susceptibles de longs développements : si nous nous contentons de ces indications sommaires, si nous en touchons en passant seulement les points fondamentaux, c'est que nous ne voulons pas étendre cette brochure aux proportions d'un livre, et qu'il nous a semblé que le lecteur n'aurait besoin ni de beaucoup d'efforts, ni de beaucoup d'attention pour suppléer à notre laconisme. Nous avouons aussi qu'en les voyant naître si spontanément dans notre esprit, portant avec elles cette persuasion douce et lumineuse qui est le cachet de la vérité, nous n'avons pas senti le besoin de leur donner plus de force.

Si convaincantes qu'elles puissent être, nous n'oublions pas toutefois que la question qui nous occupe est une question de fait, et doit se vider par d'autres arguments : et nous arrivons aux témoignages que supposent tous nos raisonnements antérieurs et sur lesquels, en dernière analyse, ils s'appuient et se fondent.

Le docteur Launoy, lorsqu'il attaquait la tradition des Provençaux relative à l'apostolat de sainte Marie-Madeleine et de ses compagnons, ne demandait, pour se rétracter, qu'un seul témoignage antérieur au onzième siècle. Mais au dix-septième siècle la critique faisait des progrès rapides. Ses successeurs daignaient à peine discuter des écrivains plus vieux de cinq cents ans.

Le premier en date, il est vrai, n'est que du sixième siècle de notre ère; mais, de l'aveu de Baillet lui-même, il atteste et prouve la croyance du cinquième. Son importance nous oblige à entrer dans quelques détails et à nous y arrêter un peu longuement.

L'impératrice Eudoxie, veuve de Théodose le Jeune, après la mort de son mari, visita les lieux saints de la Palestine et envoya à l'impératrice Pulchérie, qui les lui avait demandées, quelques-unes des reliques les plus précieuses de la sainte Vierge et de l'enfance du Sauveur (1). Elle y joignit une image de la Mère de Dieu peinte par l'apôtre saint Luc. C'est Théodore le Lecteur qui nous l'apprend, et nous venons de citer ses propres paroles (2).

(1) Voir le savant opuscule de Mgr Liverani sur les Reliques de la crèche à Sainte-Marie Majeure. Plût à Dieu que l'auteur se fût borné à ces travaux par lesquels, jeune encore, il s'était acquis une réputation légitime à Rome, et justifiait la faveur que lui témoignait le saint-père.

(2) Eudoxiam ab urbe Hierosolymitanâ ad Pulcheriam misisse imaginem Matris Dei, quam Lucas apostolus depinxerat. In *Collectione de doctrinâ christianâ* lib., c. I, ex recensione Henrici Valesti, p. 511.

Pulchérie fit bâtir, pour recevoir ces pieux trésors, trois des plus magnifiques églises de Constantinople, celle de Blaquerne, celle des Orfèvres, et celle des Odégores. C'est dans cette dernière que fut déposée la Vierge de saint Luc, qui en prit le nom et se trouve plus tard désignée sous le titre d'image *Odegitria* (1). La ceinture de la sainte Vierge et les langes de l'Enfant Jésus furent placées dans les deux autres.

Personne n'a jamais tenté sérieusement d'infirmer le témoignage de Théodore le Lecteur (2). Il parlait d'un fait notoire, existant de son temps et dont les écrivains postérieurs feront mention à leur tour. Il faut donc avouer que cent ans avant lui, du temps de Pulchérie, on croyait que non-seulement saint Luc avait fait le portrait de la sainte Vierge, mais que l'on possédait encore ce portrait. Baillet lui-même en convient; mais il ne voit

(1) On fit par la suite des copies de ce portrait, et elles se sont répandues dans l'Occident sous ce nom ou, par abréviation, sous celui d'*Itria*. Il y en a une à Rome dans l'église de Sainte-Marie de Constantinople, qui porte aussi le nom de *Sainte-Marie d'Itria*. Elle y a été apportée de Sicile par des marchands de ce pays, et placée dans cette église qui appartenait à leur nation. Valéry, t. II de son *Voyage en Corse, à l'île d'Elbe et en Sardaigne*, p. 227, raconte « qu'il assista « dans un village à la fête de la madone Itria ou Odegitria, très-vénérée en Sar- « daigne et qui vient, dit-on, de Constantinople. »

(2) Nous avons peine à croire, en effet, que ses contradicteurs, car il en a trouvé (et qui est-ce qui échappe à la contradiction en ce monde?), aient vu là autre chose qu'une gageure et un jeu d'esprit. Un texte respecté par Baillet dont il contrariait les préventions, peut défier la critique la plus exigeante. Il nous est transmis par Nicéphore, qui analyse et cite les œuvres de son devan- cier. On reçoit les autres passages des *Collectanea* de Théodore : pourquoi sup- poser que Nicéphore, qui n'y avait aucun intérêt, aurait fabriqué celui-ci? Il faudrait rejeter de la même manière tous les précieux fragments que nous a conservés Photius.

Mais, nous dit-on, on ne trouve rien de semblable dans Eusèbe, Socrate et Sozomène, à qui Théodore a emprunté son Histoire? Cela est vrai : mais outre cette espèce de compilation, Théodore avait composé une Histoire de son propre chef, et pourquoi ces lignes ne seraient-elles pas extraites de cette dernière?

Si l'on veut plus de détails, on peut consulter les nouveaux Bollandistes qui, plus explicites que les anciens, prennent décidément parti pour notre tradition, et résolvent les objections qu'on lui oppose. (Au XVIII octobre, p. 207 et 208.) — V. aussi Dis. IX, Trombelli, *De cultu Sanctorum.*

là qu'une croyance pieuse et qui ne tire point à conséquence. Croyance pieuse en effet, mais qui était aussi
celle de l'Église de Constantinople, sur le siége de laquelle venaient de passer saint Jean Chrysostome, et saint
Grégoire de Nazianze; celle des deux impératrices, qui
n'auront pas manqué de moyens de s'assurer de la vérité;
celle enfin de l'Église de Jérusalem, si soigneuse de conserver le souvenir des lieux consacrés par le Sauveur et
sa mère, les reliques de la sainte enfance, celles de la Passion, celles de la sainte Vierge. Appliquez à ces reliques
ce même système de critique, et vous les reléguez, elles
aussi, parmi ces pieuses croyances dont le savant ne parle
que le sourire sur les lèvres ; et nous ne voyons pas ce qui
empêcherait de les confondre dans un même mépris avec
la sainte image, comme la grande impératrice les unissait
dans une même vénération.

A côté du témoignage de Théodore nous devons placer
celui du chroniqueur de l'abbaye de Farfa. Cet écrivain
n'est que du neuvième siècle, mais il nous raconte un fait
qui nous montre la même tradition passant d'Orient en
Italie au cinquième. Il nous apprend que saint Laurent
le Syrien, qui vivait à cette époque, fondateur et premier
abbé de ce célèbre monastère, rapporta de Palestine une
image de la sainte Vierge peinte de la main de saint Luc,
et la déposa dans cette église, où elle fut et où elle est
encore l'objet de la vénération empressée des fidèles (1).

Les écrivains antérieurs, il est vrai, ont gardé le silence
sur ce point. Mais ce silence ne prouve rien ni contre le
fait en lui-même, ni contre l'existence de la tradition qui
le transmettait au cinquième siècle.

(1) Sulla S. immagine di Maria Vergine, che si venera nella chiesa abbaziale
di Farfa... (*Cenni istorici*. Roma, 1840, Salviucci. Aut. P. abb. D. Vincenzio
Bin, procurat. Monachor. Cassinensium.)

Défions-nous de cet argument négatif. L'estime qu'en ont fait les protestants et les jansénistes, doit nous le rendre suspect. C'est sur lui qu'ils se sont appuyés pour battre en brèche toutes les traditions de l'Église. Nous n'avons point à en examiner ici la valeur précise et la vraie portée : des savants de premier ordre l'ont restreint à ses justes limites. Ceux même qui en ont le plus abusé, l'ont soumis à certaines règles. Eh bien, la première de ces règles est ici en défaut. On ne prouvera jamais que les auteurs des quatre premiers siècles dont on voudrait nous opposer le silence, étaient obligés par la nature des sujets qu'ils traitaient, à parler de ces portraits peints de la main de saint Luc.

Au huitième siècle, pour la première fois l'hérésie des iconoclastes semble en faire un devoir aux apologistes du culte des images ; et pourtant les Pères du deuxième concile de Nicée n'y font pas la moindre allusion, et les écrivains du temps ne s'en servent point pour fermer la bouche aux nouveaux hérétiques.

Pendant près d'un siècle cette objection a passé de bouche en bouche ; et il n'est pas rare encore de l'entendre répéter, malgré les découvertes de deux savants religieux qui vinrent au dix-septième siècle démontrer une fois de plus l'incertitude et la fragilité de ce genre d'argumentation.

En 1664, le dominicain François Combefis éditait dans son recueil sur les Origines et l'histoire de Constantinople (1), une épître synodale adressée à l'empereur iconoclaste Théophile (2) par les trois grands patriarches de

(1) Nous citons cette pièce d'après Lequien, qui l'a insérée au t. 1 des *Œuvres de saint Jean Damascène*, p. 631.

Constantin Porphyrogénète en fait mention dans son discours panégyrique sur l'image miraculeuse d'Édesse (de N.-S.), édité par Combefis dans le même volume. Personne n'a jamais révoqué en doute l'authenticité de ces documents.

(2) Théophile, monté sur le trône en 829, meurt en 842.

l'Orient, Job d'Alexandrie, Christophe d'Antioche et Basile de Jérusalem. On y lit le passage suivant : « Le saint « apôtre et évangéliste Luc a fait sur bois, avec un mé- « lange de couleurs, le divin et vénérable portrait de la « très-chaste Mère de Dieu, alors qu'elle vivait encore dans « la chair et habitait à Sion, la ville sainte. Il le peignit « afin que la postérité pût y contempler les traits de Marie, « comme dans un miroir ; et lorsqu'il présenta son tra- « vail à la sainte Vierge elle-même, elle lui dit : *Ma grâce sera toujours avec cette image* (1). »

Déjà André de Crète, dans un discours longtemps attribué à saint Jean Damascène, avait « appelé en témoi- « gnage le saint apôtre et évangéliste Luc : est-ce qu'il « n'a pas peint et envoyé à Théophile le portrait précieux « de la très-chaste et toujours vierge Marie (2) ? »

Nous aimerions à joindre à ces témoignages celui du grand apologiste de Damas : les anciens l'ont fait pendant longtemps. Ils lisaient dans son IVe livre *de la Foi orthodoxe*, ce passage qu'une critique plus exacte a restitué à l'archevêque de Crète que nous venons de nommer : « Nous « avons appris par la tradition que l'apôtre et évangéliste « Luc avait peint le Seigneur et sa mère, et que la ville « de Rome se glorifiait de posséder ces portraits, qui exis- « tent aussi à Jérusalem, où on les conserve précieuse- « ment (3). »

(1) D. Lucas Apost. et Evang... Dei Matris... imaginem temperatis coloribus in tabellà expressit, posterisque velut in speculo contuendam reliquit... « Mea gratia hancce comitabitur. » (*Epist. ad Theophil.*)

(2) *Oratio ad Constantinum Caballinum* (c'est le même que Copronyme), parmi les œuvres de saint Jean Damasc., t. I, p. 618. Les meilleurs critiques attribuent ce discours à André de Crète, qui écrivait dans la deuxième moitié du huitième siècle, et mourut en 780.

(3) Robert Holkot, savant dominicain du xive siècle, lisait un peu autrement ce texte. Dans la 158e leçon sur le livre de la Sagesse, commentant le paragraphe *Infelices autem et inter mortuos...* il s'exprime en ces termes : « Est autem notandum quòd usum imaginum in Ecclesià introduxerunt apostoli, licèt

De son côté, le célèbre jésuite Jacques Sirmond publiait en 1696, avec les œuvres de saint Théodore Studite, sa Vie écrite par un de ses disciples, le moine Michel; et voici ce qu'on y trouve. L'auteur, analysant les travaux du saint contre les iconoclastes, rappelle succinctement les preuves ordinaires alléguées en faveur du culte des images, et termine en citant ces propres paroles du Studite : « Saint « Luc, qui composa le saint Évangile lorsqu'il peignit le « portrait du Seigneur, légua aux âges futurs un ouvrage « de la plus grande beauté et d'un prix inestimable. » Il est vrai qu'il s'agit ici d'un portrait du Sauveur et non de sa mère : mais la preuve n'en est pas moins rigoureuse et concluante. Ce texte a en outre l'avantage de nous offrir une trace précieuse de la tradition antique attribuant à saint Luc des portraits du Sauveur faits sur la description de ceux qui l'avaient connu, et sur sa ressemblance avec sa mère, mais dont aucun exemplaire authentique ne serait venu en Occident avant la persécution des iconoclastes, au huitième siècle (1).

hoc in canone Bibliæ nullibi exprimatur. Undè Damascenus, lib. IV, c. vIII (ce chap. vIII est le xvII ou xvIII des éditions modernes), ait quòd rumor ad eum venerat, quod B. Lucas depinxerat imagines tàm Christi, quàm matris suæ, et la quòd illæ imagines habebantur in Romà, et secundùm illas aliæ fuerunt depictæ, quæ olìm Hierosolymis habebantur. »

Remarquons qu'il fait passer les portraits originaux de Jérusalem à Rome; conformément à l'histoire et à la tradition.

Ne pourrait-il se faire que cette leçon, admise par tout le moyen âge, fût la vraie, et que saint Jean Damascène eût réellement écrit ces paroles, qui auraient plus tard été omises par la négligence des copistes ?

(1) J. Sirmond, *Oper.*, t. V, in-fol. nº 69, *Vit. Theod. Stud*, p. 34.

Voyez sur cette tradition dans les premiers siècles, Sandini, *Historia familiæ sac*; et Gretserus, *Syntagma de imaginibus*.

A cette époque (vers 720 ou 730), saint Germain, patriarche de Constantinople, envoya au pape saint Grégoire II, qui la déposa dans la chapelle dite *Sancta Sanctorum*, au Latran, la célèbre image Achéropite (non manufacta) commencée, nous dit la tradition, par saint Luc, et achevée par les anges. Elle avait passé au IVᵉ siècle de Jérusalem à Constantinople, où elle jouit de la plus haute vénération, jusqu'au temps de Léon l'Isaurien. Elle tient à Rome le premier rang, avec l'image de Sainte-Marie Majeure. (V. Marangoni, dans son Histoire de ce sanctuaire.)

Ces portraits n'étaient pas faits sur l'original ; ils étaient moins nombreux;

Saint Germain de Constantinople, l'héroïque défenseur des images, dans la lutte qu'il soutint contre le persécuteur en personne, avait déjà employé cet argument. Ses paroles nous sont parvenues par des canaux assez éloignés, il est vrai, mais fidèles. Étienne de Constantinople, qui nous les transmet, est lui-même un écrivain estimé, et fut aussi un défenseur zélé de la vraie foi contre les iconoclastes. Résumant, dans les premières années du siècle suivant (1), cette discussion demeurée célèbre, il fait dire au grand patriarche « que tout le monde connaît le por- « trait de la Vierge Mère de Dieu, peint par l'évangéliste « saint Luc, et envoyé de Jérusalem à Constantinople. »

D'après Glycas, historien grec postérieur d'environ trois siècles, entre autres preuves de l'ancienne et vraie doctrine, saint Germain alléguait celle-ci : « que le portrait « du Sauveur fut porté par l'apôtre Thaddée à Abgare, « roi d'Édesse, où on le conserva ; et que l'on connaissait « l'image envoyée, comme le rapporte la tradition, par « l'apôtre saint Luc, à Théophile, à Rome (2). »

Remarquons, du reste, que les passages si formels et si précis ne nous sont nullement nécessaires ; et que le silence de ces apologistes, s'ils eussent jugé à propos de le garder sur ce point, ne nous embarrasserait pas plus que celui du concile lui-même.

Il ne s'agissait ni de l'existence des images, ni de l'authenticité des portraits. On ne refusait pas aux fidèles le droit d'en avoir et d'en conserver chez eux, comme ils avaient les portraits de leurs ancêtres et ceux des Empe-

---

ils ont été inconnus pendant sept siècles en Occident. On conçoit dès lors qu'ils n'aient jamais eu l'importance et l'autorité de ceux de la sainte Vierge. Rien n'empêche toutefois de leur appliquer, toute proportion gardée, une partie de ces réflexions.

(1) In *Actis S. Stephani Junioris*.

(2) V. Gretserus, *Syntagma de imagin.*, etc., t. XV *Oper.*

reurs. L'hérésie des iconoclastes consistait à nier qu'on pût rendre aux saintes images des honneurs religieux. Le deuxième concile de Nicée ne condamna rien autre chose, et se contenta de définir la légitimité de ce culte.

A partir de cette époque les témoignages deviennent innombrables. Si nous en citons quelques-uns encore, c'est uniquement pour montrer, en peu de lignes, que la suite n'en est plus interrompue jusqu'aux temps modernes; et aussi pour recueillir, chemin faisant, quelques détails nouveaux sur ces portraits et sur la personne de la sainte Vierge elle-même, qu'ils représentent.

Au neuvième siècle Siméon Métaphraste, dans la Vie de saint Luc, nous rappelle qu'il peignit de sa main divers portraits de la sainte Vierge Marie (1).

Au treizième siècle Nicéphore Calixte, dans plusieurs passages de son Histoire ecclésiastique, nous fournit des renseignements plus développés et plus précis.

Il commence par nous tracer le portrait de la sainte Vierge d'après un ancien auteur, du nom d'Épiphane. On aimerait à recevoir cette description de la main du grand et savant évêque de Salamine : mais, si cela était, il est à croire qu'il l'eût désigné plus clairement (2).

« Elle était de taille moyenne, bien que quelques auteurs la fassent un peu plus grande. Jamais·on ne l'a vue rire, ni se troubler, ni se mettre en colère. Son teint rappelait la couleur du blé mûr ; ses yeux vifs avaient des pupilles d'un brun tirant sur la nuance de l'huile d'olive ; ses sourcils, régulièrement arqués, étaient d'un beau noir; le nez long; les lèvres épanouies respiraient la douce

---

(1) Sanctæ Mariæ varias imagines S. Lucam manibus suis ad vivum pinxisse... (Lib. XV, c. 14.)

(2) V. Sandini, *Hist. famil. sacræ, c. 8.*

V. aussi les *Recherches historiques sur la personne de Jésus-Christ, de la sainte Vierge,* etc., par un ancien bibliothécaire.

suavité qui donnait tant de grâces à toutes ses paroles ; le visage ni rond, ni allongé, était ovale ; les mains longues, les doigts effilés. »

Cette description est parfaitement d'accord avec celle que Cédrenus en avait faite deux siècles auparavant (1). « Elle était de taille moyenne, les cheveux blonds, les yeux d'un brun clair, ni trop, ni trop peu fendus ; les sourcils longs, le nez médiocre, les mains longues, les doigts effilés. Elle aimait, pour ses vêtements, la laine qui avait conservé sa couleur naturelle. »

Ces traits sont précisément ceux que lui donnent les anciennes images attribuées à saint Luc ; et cette description que les historiens grecs nous transmettent de la sainte Vierge, pourrait parfaitement s'appliquer à ses portraits qui sont parvenus jusqu'à nous.

Nicéphore parle ensuite des premiers portraits peints de la sainte Vierge, et avec toute la tradition, il leur donne pour auteur saint Luc, auquel il attribue aussi ceux de Notre-Seigneur et ceux des apôtres saint Pierre et saint Paul.

Il y revient à plusieurs reprises, mais sans insister, tant la chose est connue et admise par tous les contemporains : puis il ajoute, et nous prions de noter avec soin ces paroles : « que cet ouvrage, d'un prix inestimable (le portrait de la sainte Vierge), avait été répandu dans toute la terre habitable, pour y recevoir les hommages des fidèles (2). »

Tous les portraits se conservaient encore du temps de Nicéphore ; et celui de la sainte Vierge, envoyé par Eu-

---

(1) Sandini, *Oper. cit.*

(2) Voir plus haut la note où il est parlé des copies de la Vierge Odegitria. (Niceph. Calixte, *Hist. eccl.*, l. II, c. 24, l. VI, c. 15, 16, 35, l. XIV, c. 2.) Nous avons emprunté les citations à De Angelis, *Basilicæ sanctæ Mariæ Maj. de Urbe... descriptio*, p. 239.)

doxie à Pulchérie, était toujours vénéré dans l'église des Odégores, où il opérait de nombreux miracles (1).

Enfin le Ménologe de l'empereur Basile, le plus ancien de ces calendriers où sont déposées et recueillies avec soin les traditions de l'Église de Constantinople, attribue à saint Luc la qualité de peintre (2); et Mabillon, dans son *Diarum Italicum*, rapporte qu'il a vu à Rome, chez les moines basiliens, un ancien Martyrologe du dixième siècle, qui le désigne sous le même titre.

On pourrait ajouter à tous ces auteurs les anonymes grecs du Vatican, cités et traduits par le savant *De Angelis* : mais le caractère même de leurs ouvrages semble les rapporter à des temps plus rapprochés de nous. Ce sont moins de simples témoignages que des traités érudits et complets sur le culte des images en général, et sur cette question en particulier.

Il n'est guère d'historiens du Bas-Empire qui n'aient eu à parler de la Vierge Odegitria, à propos des faits qu'ils racontent : elle est mêlée à tout à Constantinople, comme la Vierge de Sainte-Marie Majeure à Rome. Le ton sur lequel ils en parlent, montre assez que la croyance des Grecs n'a jamais varié, et que jusqu'à sa destruction, on l'a regar-

____

(1) Ducange nous apprend quand et comment fut détruite cette précieuse image. « Les Turcs dépouillèrent tous les temples de la ville : ils s'emparèrent d'une image de la sainte Vierge peinte de la main de saint Luc, qui était en grande vénération chez les Grecs, la traînèrent ignominieusement par les rues, la foulant aux pieds et la souillant d'ordures, et enfin ils la mirent en pièces. » Citation extraite du *Magnum Chronicon Belgiæ*, ex relatione Henrici Zomcreri, p. 378, Ducange, liv. IV de la *Constantinopolis christiana*, § 2, n. 24.

(2) Voyez sur ces Ménologes, M. Faillon, t. I, p. 167 de son *Apostolat de sainte Madeleine*... Il est pour cette fois d'accord avec les critiques qu'il combat dans tout le cours de son livre.

Nous savons tout ce que l'on peut alléguer contre l'autorité des Ménologes : il serait injuste toutefois de mettre celui-ci sur la même ligne que les simples *Ménées* et les autres ouvrages postérieurs du même genre. Dans tous les cas ils demeurent toujours un témoignage de la croyance des Grecs de ce temps : et les critiques les plus rigoureux ne se font pas faute de les citer lorsqu'ils se trouvent d'accord avec les autres monuments qui constatent les faits rapportés par eux.

dée comme l'œuvre de saint Luc (1). C'est en vain que l'on chercherait, depuis les temps les plus reculés jusqu'à nos jours, un seul écrivain de cette nation qui se soit séparé de ceux que nous venons de citer, et qui contredise l'antique et universelle tradition de son Église.

Quant aux Latins, ils reçurent d'Orient cette tradition, et elle fut admise sans contestation dans toute l'Église, jusqu'au jour où les centuriateurs de Magdebourg crurent devoir la reléguer parmi les fables. Les citations seraient infinies, et n'ont plus la même importance, à raison de leur date. Quelques noms nous tiendront lieu de tous les autres : saint Thomas (2) et saint Bonaventure (3) l'acceptent pour les théologiens, Durand de Mende (4) et Innocent III (5) pour les liturgistes, Vincent de Beauvais (6) et saint Antonin pour les historiens ecclésiastiques (7). Les grands apologistes et les grands historiens du seizième et du dix-septième siècle, les Baronius (8) et les Bellarmin (9), les érudits comme Gretzer et Bianchini s'en font les défenseurs et la vengent des attaques toujours renouvelées du protestantisme.

Il nous resterait à discuter les raisons sur lesquelles se sont appuyés les critiques modernes pour la rejeter. Mais, en vérité, cette tâche est assez difficile. Ces raisons, nous les avons cherchées dans tous leurs écrits, et nous n'avons pu trouver que des négations parfaitement gratuites, la grande objection du silence des quatre premiers siècles,

---

(1) V. Gretserus, *Oper.* t. XV, in-fol., adnotationes ad Codinum, lib. III. Les textes qu'il cite forment comme une histoire de cette image.

(2) *Summ. Theol.*, p. 111 *de, Salvatore*, q. XXV, art. III, ad 4.

(3) *In tert. Sent. dist.* IX, q. 2, in fine.

(4) *Rationale divinorum officiorum.*

(5) Epist. 241, lib. IX.

(6) *Speculum historicum*, lib. XXIII, c. 27, *et passim.*

(7) S. Antonin., in lib. *Historiarum.*

(8) *Ad. ann.* 590.

(9) *De imaginibus.*

que nous croyons suffisamment éclaircie, et de temps à
autre quelques observations pour décliner ou affaiblir les
témoignages que nous venons de rapporter ; observations
sur lesquelles les développements qui précèdent nous dis-
pensent de revenir.

Personne, je le suppose, ne nous obligera à prendre au
sérieux le P. Hyacinthe Serry, lorsqu'il nous affirme, à
la suite des protestants, que saint Luc n'a pu peindre la
sainte Vierge, parce qu'il était juif, et que la loi le lui
défendait. Ce que nous en avons touché en passant, serait
déjà plus que suffisant, si ce n'était là la seule raison positive qui milite en faveur de son opinion. Mais la patrie
connue de saint Luc (il était d'Antioche) a fait croire
assez généralement qu'il était Syrien, sinon Grec d'origine. Que l'on compare son éducation à celle de saint
Paul, et on verra si c'est ainsi que l'on élevait les Juifs;
ou si les Juifs de ce temps, en dehors de certaines sectes,
respectaient les prescriptions qui tendaient à les séparer
de la civilisation des peuples voisins.

On cite un texte, un seul : il est de saint Augustin, au
Traité de la Trinité, liv. VIII, ch. 5 (1). Il y dirait que
de son temps on ne connaissait pas les traits de la sainte
Vierge.

Il semblerait difficile d'en conclure autre chose, sinon
que saint Augustin n'avait vu ni en Afrique, ni en Italie
de portraits de la sainte Vierge.

Mais, dans ce même passage, il dit bien d'autres choses
encore. On ne connaît non plus ni Béthanie, ni le tombeau de Lazare, ni celui du Sauveur, ni la pierre qui en
fermait l'entrée, ni la montagne des Oliviers. Faudra-t-il
donc nier l'existence au cinquième siècle de tous les
lieux saints? La pensée du saint docteur est très-claire,

(1) Neque enim novimus faciem Virginis ex quà natus est.

pour qui veut se donner la peine de la chercher dans son texte tout entier. Il n'a d'autre but que d'établir qu'il n'est nullement nécessaire, pour croire à l'existence et aux mystères de Marie, d'avoir vu ses traits, son visage et sa personne; non plus que d'avoir vu les lieux dont parle l'Évangile, pour croire à son récit.

Arrivés à la fin de cette première partie, il ne sera pas inutile de jeter un coup d'œil en arrière et de nous rendre compte du chemin que nous avons parcouru.

Deux points étaient à établir : que le portrait de la sainte Vierge a dû être fait de son vivant; qu'il a été fait par saint Luc.

Nous ne voyons pas ce qu'on pourrait opposer aux raisons que nous avons alléguées en faveur du premier. Ces preuves, pour être empruntées à l'ordre moral, n'en sont pas moins rigoureusement démonstratives; et nous espérons avoir porté cette conviction dans l'esprit de tous nos lecteurs. Pleinement suffisantes par elles-mêmes, elles se trouvent encore corroborées par toute la suite de cette première partie, et par tout ce que nous aurons à dire dans les deux autres.

Nous ne prétendons pas donner la même valeur aux inductions par lesquelles nous avons introduit saint Luc comme l'auteur de ces portraits. Nous l'avouons volontiers, ici presque toute la preuve doit se réduire aux témoignages. Nous n'avons pas dû négliger toutefois de faire voir, en passant, que tout ce que nous savons de l'Évangéliste, le préparait au rôle que la tradition lui assigne.

Cette tradition se résume dans un texte capital qui l'établit pour le cinquième siècle. D'autres avaient cet avantage de faire disparaître les nuages que l'hérésie des iconoclastes pouvait jeter sur sa perpétuité; le reste de nos citations n'ajoute rien à la force des témoignages de

Théodore le Lecteur ; mais elles servent à nous montrer cette croyance vivante et fixée à des objets précis, à une église, à des images connues, et persévérant jusqu'aux temps modernes, où elle ne trouve guère que des défenseurs parmi les savants orthodoxes.

Un esprit inattentif pourrait signaler une lacune à la tête même de cette chaîne, et demander où était cette tradition, avant Eudoxie et Pulchérie.

Nous demanderons, à notre tour, où était la tradition sur les reliques incontestées et incontestables du Sauveur et de sa mère, sur les sanctuaires de la Palestine, sur le culte même des images et sur celui des reliques (1), et sur plusieurs de nos dogmes, qui n'apparaissent dans tout leur éclat qu'à la même époque? Bien des livres sont perdus : les auteurs de ceux qui nous restent n'avaient nulle raison d'en parler. Nous ne voulons pas répéter ici ce qui se trouve dans tous les théologiens et les apologistes : mais nous ne pouvons nous empêcher de faire une observation, une seule.

Notre tradition existe au cinquième siècle ; elle s'attache à une image célèbre, à deux impératrices, aux plus illustres Églises de l'Orient. Qu'on veuille bien nous en expliquer l'origine, si on refuse de la faire découler de la vérité du fait qu'elle rapporte. Qu'on nous dise une bonne fois comment, alors que les contemporains de la sainte Vierge et les premiers disciples ne s'étaient pas préoccupés de son portrait, cette idée vient plus tard à l'esprit des fidèles ; comment ils le commandèrent à un peintre, ou le reçurent de sa main, sans l'avoir demandé ; comment

---

(1) S. Jean Damascène se pose la même objection à l'occasion du culte des images, et répond déjà comme le fait le bon sens, et comme répondront tous les théologiens après lui : « Est autem traditio hæc non scripta... perindè ac alia plurima quæ dicta sunt similia. » (C'est une tradition : mais elle n'était pas écrite.) *De fide orthod.,* lib. IV, c. 17.

on put leur persuader que cette image toute fraîche peinte, inconnue hier encore, venait de saint Luc ; comment tous les peintres ont subi la loi de ce faussaire ; en quel lieu cette erreur a pris naissance, en quel temps elle a été possible ; comment l'Église entière, cette Église du quatrième et du cinquième siècle, des Pères et des Docteurs, dans ses centres les plus savants, à Antioche, à Jérusalem, à Constantinople, a été complice ou victime de cette imposture née dans son sein, ou qu'elle aurait reçue de l'Église, des confesseurs et des martyrs, éclairée déjà par les lumières que nous connaissons.

Plus on y réfléchit, et plus les contradictions se manifestent, et plus les impossibilités se multiplient.

Seule la vérité a assez de force pour s'établir avec cet éclat et cette puissance : seule elle en a assez pour triompher du temps et de l'oubli ; seule elle a assez de vie et de lumière pour résister aux attaques que Dieu laissera plus tard diriger contre elle.

Pour en finir avec ce sujet, disons encore un mot d'une dernière objection. Elle regarde plutôt, il est vrai, la question suivante, mais par cela même elle nous servira comme de passage et d'introduction à notre deuxième partie.

Saint Luc, dit-on, n'a pas pu peindre la sainte Vierge avec son fils entre ses bras : cet usage remonte seulement au cinquième siècle, et ne s'est introduit qu'après le concile d'Éphèse, lorsque les peintres, pour rendre son décret visible aux yeux des peuples, représentèrent Marie dans la gloire de sa maternité divine. Jusqu'à cette époque, afin de mieux éviter tout péril d'idolâtrie, ou ils s'abstenaient absolument de la peindre, ou ils se contentaient de la représenter debout, les mains élevées au ciel, dans l'attitude de la prière (1).

(1) Le savant Pompée Sarnelii, évêque de Biseglia, commence par ces mots une

Quelques savants ont pu le conjecturer au seizième siècle, et il était peut-être difficile de leur répondre alors, sinon par d'autres conjectures.

Mais dès ce temps-là même et dans le siècle suivant, les explorateurs des catacombes, les Bosio, les Aringhi, les Boldetti, n'avaient nulle peine à réfuter cette erreur par des faits irrécusables.

Le continuateur de leurs travaux et de leurs découvertes, de nos jours, le savant et regrettable P. Marchi, a fait graver en tête de ce docte ouvrage sur les antiquités chrétiennes, qu'il n'a pas eu la consolation d'achever, une très-ancienne image de la sainte Vierge tenant son fils sur son sein, trouvée par lui dans le cimetière de Sainte-Agnès (1).

de ses lettres adressée à un de ses amis : « C'est ineptie et non érudition, votre découverte, que l'on a commencé seulement après le concile d'Éphèse à peindre la sainte Vierge avec son fils entre les bras. » Puis il cite saint Luc faisant l'image de Sainte-Marie Majeure, etc. « È inezia e non erudizione, quella che mi scrive V. S... » (*Lettere ecclesiastiche*, t. IV, in-4°, dell' ediz. in vol. IX.)

(1) Voir aussi Trombelli, *De cultu Sanctorum*, diss. IX, cap. 60.

II.

La Vierge de Sainte-Marie Majeure a été peinte par saint Luc.

Saint Luc était peintre, et il a fait le portrait de la sainte Vierge.

Les preuves décisives que nous venons d'en donner ne nous apprennent pas si ce portrait a été conservé jusqu'à nos jours et s'il existe encore. C'est là une question toute différente, que nous avons à traiter maintenant. Nous prions nos lecteurs de ne pas la confondre avec la première.

Peut-être, s'ils avaient fait cette distinction, les critiques cités plus haut auraient-ils été moins décisifs et moins tranchants dans leur opposition à la croyance commune.

Nous n'avons plus ici ni ces inductions équivalant à des preuves, ni cet unanime et imposant témoignage : et la raison en est simple.

Que saint Luc ait légué aux fidèles le portrait de leur mère, c'était le bien de l'Église entière, et la tradition qui en a conservé le souvenir a quelque chose de l'universalité de l'Église elle-même. Mais ces portraits, car il a pu et il a dû en faire plusieurs, devenus la propriété d'une église particulière, la tradition se borne et se limite; elle s'éteint dans un pays pour renaître ailleurs, quand, suivant le cours ordinaire des choses humaines, ils passent d'un lieu à un autre. Les raisons d'en parler deviennent plus rares; la tradition locale, conservée par la piété des fidèles, prend la place de l'histoire proprement dite.

Un grand nombre d'églises se glorifient de posséder ce

trésor. A Rome seulement on n'en compte guère moins de quatre, sept pour l'Italie et l'Espagne, et quatorze selon quelques auteurs. Il est à présumer que les ravages des iconoclastes et ceux des musulmans n'ont pas fait disparaître toutes les images que les Grecs vénéraient sous ce titre (1).

Toutes n'ont pas la même importance, ni le même droit à réclamer une origine apostolique. C'est à la critique à faire la part de chacune. Ç'a été trop souvent le tort de ceux qui en ont parlé, de les confondre dans une approbation ou dans une réprobation commune.

Nous n'avons à nous occuper que de celle de Sainte-Marie Majeure. Le respect et la vénération dont les siècles l'ont entourée, en lui faisant une place à part, ne l'ont pas mise à l'abri des attaques.

Mais ici les historiens de la peinture prennent la place de ceux de l'Église. Ils s'accordent à peu près tous, partant de leurs théories sur les progrès et la décadence des arts, à donner à ces images, sans en excepter aucune, une origine relativement moderne. Cet accord cesse lorsqu'il s'agit de fixer l'époque à laquelle elles ont été faites, et d'expliquer la tradition qui les rapporte à saint Luc.

L'écrivain le plus populaire et le plus accrédité sur ces matières, le jésuite Lanzi, résume les opinions de ceux qui l'ont précédé et fait loi pour ceux qui l'ont suivi. Nous croyons devoir citer son texte en entier (2).

« On conservait (en Italie) çà et là des peintures grec-
« ques et latines des bas temps. Les premières nous ap-

---

(1) Celles qui semblent présenter les titres les plus sérieux et avoir le plus de droits à réclamer cet honneur sont, outre la Vierge de Sainte-Marie Majeure, la Vierge de la Sainte-Marie du Peuple, celle de l'Ara Cœli, celle de Saint-Dominique et Sixte à Rome, celle de Grotta Ferrata, près Frascati, celle de l'abbaye de Farfa, celle de Notre-Dame de la Garde de Bologne, celle de Notre-Dame de Guadalupe, dans l'Andalousie.

(2) *Histoire de la peinture en Italie*, liv. III, 1re époque, *les Anciens*.

« prennent que des artistes grecs ont travaillé dans ces
« contrées, les autres qu'ils y ont trouvé des rivaux dans
« les peintres italiens. Un de ces Grecs portait, dit-on, le
« nom de Luc, et on lui attribue le tableau de Sainte-Ma-
« rie Majeure et tous les autres que l'on croit peints par
« l'évangéliste saint Luc. Quel est ce peintre portant le
« même nom que l'historien des apôtres, est-ce un seul
« et même personnage, faut-il en admettre plusieurs?
« Nous le verrons dans un instant.

« L'antique croyance fut attaquée par Manni (1), et après
« lui par Piacenza. Elle n'a plus de partisans en dehors
« du vulgaire; et par vulgaire, il faut entendre tous ceux
« qui repoussent les enseignements d'une sage critique,
« comme ils feraient d'une innovation dans le dogme.
« Cette croyance vulgaire a contre elle le silence des
« anciens et cet usage constant et certain des premiers
« chrétiens de ne jamais représenter la Mère de Dieu avec
« son fils entre ses bras, mais les mains étendues dans
« l'acte de la prière.

« L'opinion commune de nos jours est donc que ces
« tableaux sont l'œuvre de plusieurs peintres portant le
« nom de l'Évangéliste. Lami (2) cite une légende du
« quatorzième siècle qui nous apprend comment Luc de
« Florence peignit la Vierge de l'Impruneta (3); on peut
« croire qu'il a peint aussi celle de Bologne et tant d'au-
« tres qu'on attribue à saint Luc. L'auteur des *Anecdotes*
« *des beaux-arts* nous raconte qu'il a trouvé dans la Grèce
« en grande vénération la mémoire d'un ermite du nom
« de Luc. Il avait peint grossièrement quelques tableaux

(1) Dans deux opuscules sous ce titre :
Del vero pittore Luca santo e del tempo del suo fiorire. Firenze, 1764, in-4.
Del errore che persiste nell' attribuirsi le pitture al santo Evangelista (Luca).
Firenze, 1766, in-4°.
(2) *Deliciæ eruditorum*, etc. Florentiæ, t. XV.
(3) L'Impruneta, célèbre pèlerinage non loin de Florence.

« représentant la sainte Vierge; et le nom de saint Luc,
« ermite, sous lequel il était désigné d'abord, se changea
« dans la suite des temps, par l'ignorance populaire, en
« celui de l'évangéliste saint Luc. Tournefort, dans ses
« Voyages, fait mention d'un portrait de la sainte Vierge
« vénéré dans le Liban, que le peuple attribue à saint
« Luc, mais qui est, lui aussi, l'œuvre d'un religieux de
« ce nom, qui vivait dans un temps reculé, en grande ré-
« putation de sainteté. »

D'Agincourt, dans son *Histoire de l'art par les monuments*, et Ferrari, dans son savant ouvrage sur les mœurs
et coutumes des anciens et modernes, adoptent et défen-
dent vivement l'opinion de Manni et de Piacenza, sans
rien ajouter de nouveau à ces arguments de Lanzi.

C'est avec cette légèreté que des hommes, d'ailleurs
savants et graves, traitent une question aussi intéressante
pour l'histoire des beaux-arts elle-même que pour la
religion. Ils nous donnent des peintres du quatorzième
siècle pour auteurs à des images qu'on sait positivement
être vénérées dans l'Église depuis le septième et le huitième siècle (1); ils inventent des saints que les hagiogra-
phes n'ont point connus et qu'aucune Église ne vénère.
Chacun a le sien. Il y en a en Italie, en Grèce, en Orient,
partout; et tous portent le même nom, celui de saint
Luc; et un peintre ne se permettrait pas de représenter
la sainte Vierge, s'il n'avait reçu en naissant ce nom pré-
destiné. On enregistre gravement les *on dit*, recueillis

(1) Des actes notariés du XII⁰ siècle et une suite non interrompue de témoignages, depuis cette époque, attestent la présence de la Vierge de Notre-Dame de
la Garde à Bologne, depuis l'an 1161 (c'est celle-là même que Manni fait peindre
dans le XIV⁰ siècle). Lanzy les fait peindre toutes dans le courant du XII⁰ siècle.

Nous avons cité plus haut le chroniqueur de Farfa. Les Vierges de l'Ara-Cœli,
de Sainte-Marie du Peuple, de Saint-Dominique et Sixte, de Sainte-Marie in
Cosmedin, celle de Guadalupe, ont une *véritable histoire* depuis le VIII⁰ siècle
au moins.

en Grèce par l'auteur des *Anecdotes des beaux-arts*, par Tournefort au Liban : ce sont là les nouveaux *Actes des Saints* de ces nouveaux Bollandistes ; et quiconque se permet de douter de ces imposantes autorités, est impitoyablement rangé parmi le vulgaire ignorant et crédule.

Il n'était pas difficile pourtant de faire à la fois la part de la critique et celle de la tradition.

Supposons que le style de ces images et les procédés de la peinture ne permettent pas de les reporter toutes à l'époque de saint Luc (et cela paraît certain pour le plus grand nombre) ; qui nous empêche de les regarder comme des copies plus ou moins imparfaites, mais toujours fidèles du portrait original qu'il avait fait de sa main? Il en devait être ainsi ; et nous avons vu plus haut que la Vierge des Odégores parvint jusqu'en Sicile, en Sardaigne et à Rome. Alors tout se concilie et s'explique. Les fidèles ne sont plus le jouet d'une illusion ridicule et impossible. La tradition, que nous retrouvons partout où se conserve une de ces images, a une source légitime et repose sur un fondement solide. C'est bien là le vrai portrait de Marie ; c'est bien celui que saint Luc a légué à l'Église. Qu'importe qu'il ne soit pas de sa main, si la main qui l'a copié a reproduit fidèlement les traits de la peinture originale? La vénération et l'amour descendent tout naturellement du portrait primitif aux copies qui le multiplient. Nous voyons les Indiens de l'Amérique méridionale recevoir, comme ils l'auraient fait de la main de saint Luc lui-même, le tableau que leur envoyait saint François de Borgia ; et la sainte Vierge récompenser leur foi et leur confiance des mêmes grâces et des mêmes prodiges.

Nous sommes débarrassés de tous ces auteurs vivant en des temps et des lieux différents, qui, par le plus étrange et le plus inexplicable des phénomènes, quelle que soit la variété des modèles qu'ils ont sous les yeux, s'accordent tous à donner les mêmes traits à la sainte Vierge, lorsqu'ils se mettent en devoir de tracer son image.

On ne saurait trop insister sur ce point. Nous l'avons déjà dit, mais nous devons le répéter encore : c'est bien une même personne que représentent toutes ces images. Elle est prise à des époques de sa vie et dans des circonstances différentes ; la situation, les attitudes, les accessoires varient : le modèle reste toujours le même. En vain les auteurs sont tantôt Grecs, tantôt Italiens, comme le prétend Lanzi (1), toutes portent évidemment l'empreinte d'un même type ; et, chose remarquable, ce type est celui de l'Orient. C'est la beauté juive, telle qu'elle existe déjà dès le temps de David, et que nous la trouvons décrite au livre des Rois. De nos jours, les peintres modernes en découvrent encore quelques traces dans les modèles de cette race qui posent devant eux.

Cette ressemblance, disons mieux, cette unité doit avoir une cause. Nous la trouvons dans ce portrait primitif de la main de saint Luc ; et nous défions d'en assigner une autre qui satisfasse l'esprit, même le moins difficile. Quel autre peintre, quelque fut son génie, aurait exercé cet ascendant ? Comment aurait-il trompé ses contemporains ? comment aurait-il acquis assez de réputation pour que tous les artistes, d'un bout du monde à l'autre, se croient obligés de reproduire son œuvre ? Plus on y songe, et moins on est disposé à se contenter des solutions qui ont cours de nos jours ; et plus on est ramené à ce portrait authentique dont tous les autres

---

(1) Lanzi se trompe lorsqu'il fait peindre ces tableaux en Italie tantôt par des Grecs, tantôt par des Italiens. Il est certain que les plus célèbres sont venus d'Orient, à l'époque des iconoclastes, et quelques-uns même dans les temps postérieurs, par exemple, la Vierge de Bologne, apportée de Constantinople en 1160.

dérivent , et dont ils prennent le nom et avec lequel ils partagent, sans usurpation, la vénération des siècles.

Cette persuasion était si profondément entrée dans l'esprit des chrétiens , qu'elle descend le cours des âges sans altération ni changement , et s'impose aux talents les plus variés, les plus indépendants, les plus créateurs. Cimabué et Giotto s'y soumettent comme les peintres grossiers qui les ont précédés, et la transmettent à leurs élèves. Les peintres des écoles de Florence et de Sienne, ceux de Rome et de l'Ombrie se laissent guider par elle. Toutes leurs Vierges sont sœurs. Elles sont animées par la vie et revêtues de beauté à des degrés divers, selon la main qui les a faites : mais à toutes on pourrait appliquer la description que Nicéphore Calixte nous a tracée de la mère du Sauveur.

Si l'on cherche la cause de l'infériorité des peintres de la haute Italie, de l'Allemagne, de la Hollande et de la Belgique, lorsqu'ils réprésentent la sainte Vierge ; peut-être la trouvera-t-on dans leur ignorance de ces portraits antiques dont aucun exemplaire n'était parvenu dans leur pays (1). Ils en étaient réduits, pour se la figurer, à leur imagination et aux modèles qu'ils avaient sous les yeux. De là ces types vulgaires et trop souvent matériels que tout leur art n'a pu réussir à idéaliser, et où il est d'autant plus impossible de reconnaître l'image de celle qui fut pleine de grâces, qu'ils sont l'œuvre d'un pinceau plus savant et plus habile.

Les peintres plus favorisés de l'Italie centrale respectèrent cette loi que la tradition leur imposait, jusque vers

---

(1) Quelques-uns y avaient passé, comme la Vierge de Brunn, en Moravie, à Milan, d'où elle fut enlevée lors du sac de Barberousse. (V. *Historia SS. trium regum mayorum*, t. III, lib. II, c. 59, p. 707, in-fol., act. P. Hermann Crombach, S. J., 1654.) Venise reçut quelques copies des Vierges de Constantinople. Mais nulle part ces images n'avaient fondé de sanctuaire célèbre et n'étaient entourées de cette réputation qui les imposait aux artistes.

la fin du quinzième siècle. C'est seulement à cette époque que deux des plus grands d'entre eux, Fra Angelico et le Pérugin, lui portent une première atteinte. Le Pérugin était incapable de s'élever à tant de grandeur et à tant de majesté ; Fra Angelico était entraîné d'un côté par la tendance douce et mystique de son génie, et de l'autre par le besoin d'introduire dans la peinture la réalité vivante, qu'il désespérait de concilier avec les types vénérés jusqu'alors.

Raphaël ne se laissa pas arrêter par ces difficultés. Tout en surpassant les Grecs anciens, et se surpassant lui-même dans ses vierges, il ne craint pas de revenir à cette tradition, qu'il devait interpréter par un chef-d'œuvre. Cette image que les siècles lui ont léguée dans son imperfection naïve, il l'anime, il l'élève, il la transfigure ; elle se divinise sous sa main : mais elle n'est pas altérée (1). Regardez-y de près, vous la reconnaîtrez toujours. Vous trouverez ces mêmes lignes nobles et simples ; ces traits purs d'où la grandeur n'exclut pas la grâce, cette majesté de la Mère de Dieu, unie à l'ineffable bonté de la mère des pécheurs. Il a poussé le scrupule jusqu'à respecter les tons des chairs, la couleur du visage et les nuances des cheveux. Son génie se trouvait à l'aise dans ce que d'autres auraient appelé des entraves : comme toute vraie puissance, il prenait des forces dans les règles mêmes et les limites qu'il s'imposait.

Ses disciples, préludant à leur manière aux attaques des protestants contre l'antique croyance, sont entrés définitivement dans une autre voie.

L'art lui-même y a-t-il gagné ? Qui parle de leurs œu-

---

(1) Voyez la collection des Vierges de Raphaël, gravées à Paris il y a quelques années, et surtout la Vierge de Dresde ou de Saint-Sixte, et les autres de la même époque. Les premières rappellent les Vierges du Pérugin.

vres? Où sont les peintres qui les copient, les graveurs qui
les popularisent? Cette liberté, j'en conviens, nous a valu
des milliers de Vierges toutes différentes de traits, d'expression, de visage. Chaque artiste a traité ce sujet sacré à sa
guise, d'après la tournure de son esprit et de ses goûts,
ses études et les modèles qui posaient devant lui. Elles
ne manquent pas toujours de mérite, et il n'est pas absolument impossible d'en trouver qui aient de la beauté.
Quelques peintres, animés par une foi sincère, ont réussi
à leur donner un certain air de piété et à les faire accepter par la dévotion populaire (1). Mais où est celle qui répond à l'idéal que tout chrétien porte au fond du cœur?
où est celle devant laquelle le fidèle, tombant à genoux,
reste plongé dans une contemplation mêlée d'amour,
d'admiration et de prière! La grande inspiration s'en est
allée : c'est le règne du caprice et de la *manière*. Toutes
ces femmes tiendraient parfaitement leur place dans un
salon; et vous ne les reconnaissez pour des Vierges qu'aux
emblèmes qui les accompagnent, aux lieux où elles sont
placées, aux scènes dans lesquelles elles figurent.

Nous rendons pleine justice aux peintres de nos jours,
qui ont entrepris de ramener l'art dans une voie meil-
leure et de le raviver à cette source de l'inspiration chrétienne qu'il avait trop souvent oubliée depuis trois cents
ans. On nous permettra, toutefois, de regretter qu'ils
n'aient pas fait un pas de plus et ne soient pas rentrés
franchement dans la tradition primitive. Pourquoi ne lui
ont-ils pas redemandé le type consacré de Marie, comme
ils ont fait pour celui du Sauveur? Leurs œuvres s'en
seraient bien trouvées. Plus d'une fois, admirant la ravis-
sante expression qu'ils ont su donner à leurs Vierges, je

____

(1) Voir, par exemple, plusieurs Vierges modernes des églises de Rome. Mais
la vraie source de leur popularité est plutôt dans les miracles qu'on leur attribue.

me suis senti distrait par une pensée importune. J'avais
sous les yeux une jeune Allemande frêle, gracieuse, pure,
pleine de candeur et presque de rêverie ; et je redeman-
dais la fille de Sion et la descendante des rois de Juda.

Combien je préfère cette noble image de Sainte-Marie
Majeure (1) !

Elle est debout, comme la Reine du Psalmiste (2), et
porte sur le bras gauche son fils, qui lève la main pour
bénir le monde (3). Un manteau bleu, aux plis larges et
modestes, l'enveloppe tout entière, selon l'usage des femmes de Nazareth, et remonte de ses épaules sur sa tête, lui
servant à la fois de coiffure et de voile. La tête se détache
sur un fond de lumière douce et sereine, qui enveloppe
également celle de l'Enfant Jésus. Une petite croix d'or,
rappelant le nimbe crucifère qui couronnera les images du Sauveur, orne son front. Les mains longues et
fines se croisent sur les genoux de son fils, sans affé-
terie ni recherche. Toute sa physionomie et sa pose
respirent une grandeur et une noblesse incomparables,

(1) On peut s'en faire une idée par la belle gravure que prépare M. Alcan, et
qui la popularisera en France. Nous devons dire pourtant qu'aucune des nombreuses
copies ou gravures que nous avons vues, ne nous a semblé rendre parfaitement
l'original. Si endommagé qu'il soit par le temps, il ne laisse pas de produire une
profonde impression sur ceux qui sont admis à le voir de près.

(2) L'Enfant Jésus est vêtu d'une robe qui lui tombe jusqu'aux pieds. Il en est
ainsi dans tous les tableaux que nous a transmis l'antiquité chrétienne. Quelle que
fût, sous ce rapport, la coutume des Orientaux, l'esprit se refuse absolument à
concevoir que la sainte Vierge ait pu jamais le laisser aller nu. A peine est-il né
qu'elle s'empresse de couvrir sa nudité, *pannis eum involvit*. C'est une inspiration malheureuse qui a porté les peintres modernes à le représenter de la sorte.

Nous avons vu des personnes s'étonner de ce que l'Enfant Jésus tient un livre
dans sa main gauche. Les anciens n'avaient pas seulement des rouleaux (*volu-
mina*), mais aussi des livres (*libri*), comme les nôtres, de feuilles de parchemin
pliées en deux et reliées ensemble. (V. Mabillon, *Traité de diplomatique*).

Ce livre est le symbole de la loi nouvelle qu'il apporte à la terre.

C'est un vieil usage et qu'on retrouve dans les plus anciennes mosaïques chrétiennes, de représenter les apôtres, les évangélistes et les docteurs tantôt avec un
livre, tantôt avec un rouleau à la main; et la signification en est la même. (Voir
Ciampini, *Vetera monumenta in quibus... musiva opera illustrantur*, 2 in-fol.,
Rome, 1693-1699.

(3) Adstitit Regina.

mêlées de grâce et de simplicité. Le peintre n'a pas eu besoin de lui mettre un lis à la main : la pudeur et la modestie brillent sur ce visage que n'a point touché la faute originelle. C'est vraiment la Vierge Mère de Dieu et souveraine du monde. Elle abaisse sur ceux qui l'implorent, un long regard plein de tendresse et de miséricorde. Lorsqu'on lève les yeux sur cette chère image, on ne sait plus les en détacher ; et il est impossible de la contempler sans se sentir excité à la confiance et au respect, à l'amour et à la vénération. C'est ainsi que la décrivent les Pères, et c'est ainsi que la voyaient les premiers chrétiens, qui l'auraient prise pour la divinité elle-même, s'ils n'eussent été éclairés et soutenus par les lumières de la foi (1).

Au mois d'août 1860 elle fut descendue de son autel, pour être portée processionnellement et exposée dans l'église du Jésus. Sa vue suffit pour faire répudier par les savants romains de nos jours les énormités avancées par ceux du dernier siècle. Une commission de peintres et d'antiquaires fut chargée d'en faire l'examen. Le résultat, sans être tout à fait aussi complet que nous pourrions le désirer, ne lui a pas été défavorable. Il ne peut plus être question de la confondre, non pas seulement avec les peintures du moyen âge, mais même avec les Vierges de l'époque byzantine, apportées en grand nombre en Italie au temps des iconoclastes. Elle est grecque, et c'est l'œuvre d'un habile artiste, bien que laissant quelque chose à désirer dans les proportions et les ombres.

(1) Voir la lettre de saint Denys l'Aréopagite à saint Paul, citée par M. Peignot. *Recherches...*, et par M. l'abbé Darras dans la *Légende de Notre-Dame*, p. 274 et 360.

Nous n'ignorons pas qu'on ne saurait établir l'authenticité de ce document. Si nous le rappelons ici, c'est uniquement parce qu'il nous semble l'expression naïve et frappante des sentiments qui devaient animer les fidèles, admis pour la première fois à vénérer la mère du Sauveur, lorsqu'elle vivait sur la terre.

La Commission n'a pas osé la reporter au siècle même des apôtres; mais elle n'hésite pas à affirmer qu'elle est antérieure à Constantin et à la paix de l'Église. Nous voilà d'un seul coup ramenés au moins mille ans en arrière de Manni et de Piacenza, huit cents ans de la date de Lanzi. Tous les moines, tous les ermites et les saints évoqués pour le besoin de la cause, rentrent dans la poussière. Qui sait si quelque nouveau progrès des études archéologiques ne la fera pas remonter plus haut encore, jusqu'à ce qu'elle atteigne enfin le temps même de saint Luc?

On a vu de ces retours, et il y a encore avec celle-ci d'autres traditions romaines qui les attendent.

Nous sentons parfaitement toute notre incompétence, et la conscience de notre ignorance en matière d'art et d'antiquité, nous permet à peine d'élever quelques doutes sur cette sentence de la Commission de 1860. Nous le ferons toutefois, en les soumettant humblement au jugement de ceux dont l'opinion fait loi sur ce sujet (1).

Est-il donc tout à fait nécessaire, pour qu'il nous soit permis d'attribuer une peinture aux temps de Néron ou de Vespasien, qu'on y retrouve le style des fresques de la Maison Dorée ou de celles de Pompeï? A chaque siècle, sans doute, l'art a son caractère et son cachet spécial; et nous savons les heureuses applications qui ont été faites de ce principe à la chronologie des peintures des catacombes. Mais ce principe ne souffre-t-il donc absolument aucune exception, et n'y a-t-il pas des causes nombreuses qui peuvent le modifier assez profondément? A une époque donnée, nous voyons des écoles qui semblent n'avoir rien de commun entre elles que le temps même où elles

---

(1) Nous connaissons un peintre qui, après un examen attentif et plusieurs fois répété, n'hésite pas à soutenir que les artistes du iiie siècle étaient incapable

ont fleuri. Un disciple de Raphaël ne diffère guère moins d'un élève de Michel-Ange ou du Titien, que s'ils étaient séparés par des siècles. Il ne nous semble pas impossible qu'un artiste soit en désaccord marqué avec ses contemporains, surtout s'il s'agit de les précéder dans la décadence et non vers la perfection de son art.

Sans doute, de nos jours, lorsqu'il est question de fixer l'âge d'un tableau, les experts sont rarement trompés. Mais ils ont pu former leur goût et assurer leur jugement par l'étude et la comparaison de tableaux nombreux, authentiques et parfaitement connus d'ailleurs, des peintres des derniers siècles ; et pourtant, il y a encore des méprises ! A ces époques reculées, les secours sont plus rares et moins certains. Point d'œuvres signées et datées ; c'est seulement par des descriptions de leurs tableaux que nous connaissons les maîtres ; le champ est ouvert aux conjectures et aux hypothèses. Sauf quelques fresques, avec celles que nous venons de rappeler, on en est réduit à demander à la sculpture des points de comparaison.

Dans la question présente, il ne manque pas de causes pour expliquer la différence du style de saint Luc, si cette différence est aussi tranchée qu'on semble le prétendre. Il n'était pas peintre de profession, et on ne doit pas être trop surpris de le trouver médiocrement initié aux procédés et à la manière des maîtres de son temps. Ce n'est ni à Rome, ni à Athènes que son éducation s'était faite ; mais à Antioche, aux confins des deux Asies et de l'Égypte, dans une

de faire une œuvre aussi parfaite ; et que, de ce côté, rien ne s'oppose à ce qu'on ne l'attribue à saint Luc.

C'était aussi l'avis d'un des premiers peintres du xvııe siècle, consulté par Vittorelli, qui rappelle ses paroles. (*Gloriose memorie della beatissima Vergine Madre di Dio*, Roma, 1616.)

Sixte de Sienne a vu dans l'atelier du Titien une de ces copies, dont le grand artiste ne craignait pas de rapporter l'original à saint Luc. (Lib. II *Bibliothecæ sanctæ*, p. 139.)

ville ouverte à des influences singulièrement différentes de celles qui régnaient alors en Occident. Il faisait un portrait ; et il a respecté non-seulement les traits du visage, mais le costume de la sainte Vierge jusque dans ses moindres détails. De là des draperies, un air, une pose, un ensemble, qui ne ressemblent guère aux figures d'imagination de Pompeï et des catacombes.

Resteraient les procédés matériels de l'art. Je ne sache pas qu'il en ait été question, ni qu'on les ait allégués à l'appui de l'opinion embrassée par la Commission. Sur ce point, en effet, toute comparaison est absolument impossible. Saint Luc a peint sur bois, probablement à la cire (1), et les peintures de ce temps venues jusqu'à nous sont des fresques. Les ravages du temps ne permettent de juger que bien imparfaitement ce côté de son œuvre. Tout ce que l'on a pu constater sous ce rapport, c'est l'absence des fonds d'or, de ce mélange d'émaux et de ciselures, et de ces surcharges de couleur, introduits plus tard par les artistes de la décadence, et qui caractérisent l'époque byzantine.

Mais quittons ce terrain qui n'est pas le nôtre et où nous n'avons pas fait un pas sans trembler, et rentrons

---

(1) Sans donner trop d'importance à des textes du xiᵉ siècle, nous croyons que les moindres indices sont curieux à recueillir sur ce sujet, et nous nous ferions un reproche d'en omettre aucun.

Voici d'abord les paroles de Théophane le Potier (*Cerameus*), évêque de Taormina (*Tauromenium*), en Sicile, au xiᵉ siècle ; elles sont tirées d'une homélie sur le rétablissement des images :

« Bien plus, saint Luc, cet éloquent évangéliste, peignit avec de la cire et des couleurs (*cera et coloribus*) un portrait de la Mère de Dieu tenant le Seigneur dans ses bras sacrés, portrait que l'on conserve à Constantinople. »

On sait que les anciens peignaient à l'encaustique.

Les *Ménées* disent de leur côté tout simplement que ce portrait *était en cire*.

Des érudits ont cru les prendre en faute, et ont demandé comment une statue de cire pouvait subsister douze siècles. S'ils avaient rapproché leur texte de celui de Théophane, ils en auraient trouvé le sens. Évidemment, il s'agit ici encore d'une peinture à la cire.

sur celui de la critique historique. Ici nous nous sentons plus à l'aise et le sol s'affermit sous nos pieds.

Nous avons indiqué plus haut les raisons qui ne nous permettent pas d'espérer, en faveur de l'authenticité du portrait de Sainte-Marie Majeure, un ensemble de témoignages aussi imposants que ceux que nous avons cités à l'appui de la tradition qui fait de saint Luc un peintre. Ces témoignages toutefois ne nous manqueront pas, anciens, respectables, suffisants de tout point, et tels que la critique la plus sévère peut les admettre dans un fait de cette nature.

Ils se rattachent à un trait célèbre de la vie de saint Grégoire le Grand. C'est le premier anneau de la chaîne : par cette raison, nous le raconterons avec quelque détail. Cela nous dispensera d'y revenir lorsque nous traiterons de l'histoire de la sainte Image.

Une peste cruelle (1) ravageait Rome et l'Italie depuis un demi-siècle. Partie de l'Égypte, elle se répandit sur toute l'Europe avec la rapidité de la foudre, passant d'une contrée à l'autre, sans jamais disparaître entièrement, et revenant sur ses pas dépeupler les villes qu'elle avait déjà ravagées. Sa première apparition en Italie est de l'année 543 ; elle sévit de nouveau en 566, et plus cruellement en 590. Elle avait pour symptômes, la fièvre, la toux et des tumeurs dans l'aîne, d'où lui vint le nom de *pestis inguinaria*. La mort était presque instantanée et certaine.

Le pape Pélage en fut victime dans la douzième année de son pontificat. Saint Grégoire est élu à sa place. Un jour qu'il prêchait dans une église de Rome, c'est lui-même qui nous l'apprend, soixante personnes furent frappées de mort pendant son sermon. Sa foi et celle du peuple dominant l'effroi et la terreur, il put achever son discours.

____

(1) V. Sigonius, lib. *I. De Regno Italiæ*, t. II.

Jean Diacre et saint Grégoire de Tours portent à quatre-vingts le nombre des morts dans cette circonstance.

Tous les moyens naturels et tous les secours humains étant inutiles, saint Grégoire résolut de s'adresser à Dieu, qui avait déchaîné le fléau et qui seul pouvait le dompter. A peine élu pape, avant même d'être sacré évêque, le 29 septembre de cette année 590, il se transporte à Sainte-Sabine, et là invite les Romains à se réunir à lui et à fléchir par leur pénitence la colère divine.

« Les fléaux dont nous menaçaient les prophètes sont venus fondre sur nous... Que la douleur ouvre nos cœurs au repentir. Pleurons tant que nos yeux auront des larmes, avant de tomber nous-mêmes sous leurs coups... Que nul en ce jour n'ose s'occuper des choses de la terre et des soucis du siècle ; courons tous implorer par nos ardentes supplications la miséricorde du Seigneur (1). »

Puis il ordonne une de ces processions solennelles usitées dès les premiers siècles, et que la liturgie désigne encore sous le nom de litanies, emprunté à la langue des Grecs.

Celle-ci est connue sous le nom de procession septiforme (*septiformis*), parce que le souverain pontife avait distribué en sept classes le peuple et le clergé de la ville de Rome, et avait assigné sept églises (2) différentes pour point de départ à chacune de ces processions particulières. Le rendez-vous convenu était à la basilique de Sainte-Marie Majeure. Là, des places distinctes leur étaient réservées, et elles répétaient sept fois devant l'autel de la

______

(1) Voir à la fin des Homélies de saint Grégoire (édit. des Bénéd.) l'*Oratio ad plebem*, où il trace un éloquent tableau des ravages de cette peste, et fait allusion aux prodiges qui l'accompagnèrent, et en particulier aux anges que l'on avait vus percer de flèches les pestiférés.

(2) Il y a quelques divergences entre les historiens de saint Grégoire lorsqu'ils nous donnent les noms de ces églises : mais ils sont d'accord pour indiquer le rendez-vous à Sainte-Marie Majeure. Peut-être ces processions furent-elles répétées plusieurs fois et dans l'année 590 et dans les années subséquentes

sainte Vierge les supplications et les prières dont elles avaient fait retentir les rues sur leur passage. Mais le bras du Seigneur ne fut pas désarmé tout d'abord, et plus de quatre-vingts personnes périrent pendant cette première procession. Saint Grégoire ne se découragea point; il recommença les jours suivants, et enfin tenta un dernier effort pour toucher le cœur de Dieu. Il fait descendre de son autel l'image de Marie, vénérée dans la basilique Libérienne, et, toujours dans le même ordre, la porte à la basilique de Saint-Pierre au Vatican.

Lorsqu'il arrive sur le pont du Tibre, en face du tombeau d'Adrien, une vision divine frappe ses regards. Un ange éclatant de beauté, flottant dans l'espace, au-dessus du môle, remettait dans le fourreau le glaive de la colère de Dieu, et des chœurs d'esprits célestes faisaient retentir les airs de l'hymne que l'Église a acceptée de leur bouche : « Reine du ciel, réjouissez-vous. Alleluia. Car celui dont vous avez mérité d'être la mère, alleluia! est ressuscité selon sa parole, alleluia! » Le saint Pontife répondit par la supplication qui la termine encore : « Priez pour nous le Seigneur, alleluia! » et, le cœur plein de joie et de reconnaissance, alla rendre grâces à Dieu de la cessation du fléau.

C'est en mémoire de ce prodige que saint Grégoire établit pour toute l'Église et fixa au 25 avril les litanies majeures, connues sous le nom de procession de Saint-Marc (1). Dans la suite une chapelle fut consacrée à saint Michel sur le sommet du môle, et les souverains pontifes la firent couronner par la statue colossale de l'archange qui lui a donné son nom.

(1) Gavantus prétend, contre les bénédictins, éditeurs des œuvres de saint Grégoire, que cette procession existait avant lui, et qu'il ne fit que lui donner une plus grande solennité.

Nous devons le reconnaître, ni saint Grégoire, ni son historien Paul Diacre, ni saint Grégoire de Tours, en racontant ce miracle, ne font mention de l'image de la sainte Vierge. Il n'en est pas moins certain qu'il s'opéra en sa présence. Nous en avons pour garant une tradition dont l'origine se perd dans la nuit des temps, et qui ne saurait s'expliquer autrement que par la réalité du fait lui-même. Elle n'a jamais été contredite par personne ; les historiens les plus graves, Baronius, Onuphre Panvini, etc. (1), la rapportent sans lui opposer le silence des contemporains, qui ne pouvaient entrer dans tous ces détails ; et si quelques églises de Rome ont prétendu revendiquer cette gloire pour d'autres images, elles l'ont fait sans nier les titres de celle de Sainte-Marie Majeure, et se sont bornées à soutenir qu'il y eut plusieurs processions semblables, ou que le pape avait fait réunir en cette circonstance les images auxquelles s'adressait surtout la dévotion des Romains.

La même tradition qui nous apprend que saint Grégoire fit porter en cette procession l'image de la sainte Vierge de Sainte-Marie Majeure, nous donne aussi les raisons de son choix et de sa confiance. Cette image était dès lors célèbre par ses miracles et vénérée à cause de son auteur ; le peuple de Rome saluait déjà en elle la patronne et la protectrice qu'il avait reçue des mains de saint Luc.

Aussi plus tard, vers le douzième siècle, le sénat et le peuple romain, en reconnaissance des bienfaits qu'elle ne cessait de répandre sur la ville, firent élever à grands frais, dans la nef principale de la basilique, un magnifique baldaquin des marbres les plus riches, où elle reposait au milieu des ornements d'or, d'argent et de pierres pré-

---

(1) Ajoutez-y Ciacconius, *Vitæ summorum pontif. ad Gregorium I,* et Joseph Blanchini, qui reproduit, en les adoptant, ses paroles, dans son savant commentaire sur l'ouvrage d'Anastase.

cieuses (1). L'autel qui était à la base fut consacré à saint Grégoire le Grand, et le tableau du retable le représentait à genoux devant la sainte image portée processionnellement sur lés épaules de huit diacres, et écoutant les chants des anges qui la saluaient au passage.

Baronius cite en confirmation du même fait l'ancien *Ordo* romain, conservé à la bibliothèque Vaticane (2). Durand de Mende le rappelle au treizième siècle dans son Rational des offices divins (3).

La Congrégation des Rites en a approuvé l'insertion dans les leçons du Propre de Sainte-Marie Majeure pour la fête de la translation de la Vierge de saint Luc. Voici en quels termes il y est rapporté : « Cette image extrêmement ancienne de la sainte Vierge, peinte sur bois, conservée depuis les siècles les plus reculés dans la basilique de Sainte-Marie Majeure, fut toujours honorée avec la plus vive dévotion par les souverains pontifes, les grands et le peuple tout entier ; car c'est une croyance pieuse et universelle, fondée sur une tradition antique et constante, que nos pères nous ont transmise, qu'elle est l'œuvre de la main de saint Luc (4), et que, portée à Saint-Pierre, dans une procession solennelle, elle fit cesser la peste qui faisait alors d'affreux ravages dans la ville (5). »

(1) De Angelis a trouvé ce fait relaté dans un très-ancien manuscrit des archives de la basilique. (*Opere cit.*)

(2) Les éditions de l'*Ordo romanus*, imprimées à Venise au xvie siècle, ont omis ce passage. Baronius le rétablit d'après ce manuscrit, plus ancien et plus authentique.

(3) Même variété entre les différentes éditions de Durand. Les plus anciennes, celles du xve siècle, et les meilleurs manuscrits sont en notre faveur, de l'aveu même de ceux qui auraient quelque intérêt à soutenir le contraire. (V. le P. Casimiro da Roma, *Memorie storiche della chiesa di S. Maria in Ara Cœli*, Roma 1736, in-4°.

(4) Illam namque à S. Lucâ depictam fuisse, et celebri solemnique supplicatione ad S. Petrum delatam...

(5) Nous pourrions citer encore Boniface IX, au xive siècle, et Grégoire XVI, de nos jours, dont les paroles réunies, à cinq cents ans d'intervalle, semblent la reproduction textuelle de ces leçons approuvées par la Congrégation des Rites.

C'est en souvenir de ce miracle que le jour de Saint-Marc, lorsque les longues files des religieux, des curés et des chapitres des collégiales et des basiliques, se rendant à Saint-Pierre au chant des litanies des Saints, défilent lentement devant le château Saint-Ange, le chapitre de Sainte-Marie Majeure s'arrête en arrivant sur le pont qui le précède et entonne l'hymne de joie et de triomphe, qui retentit alors au milieu des airs : *Regina cœli, lætare, alleluia!* — Les auteurs qui ont écrit sur la liturgie n'ont jamais allégué d'autre raison de cet usage. Les franciscains de l'Observance, il est vrai, en font autant, et prétendent soutenir par là les droits de l'image de leur *église d'Ara Cœli.* Mais il ne faut pas oublier qu'ils n'ont été fondés qu'au treizième siècle et ne furent mis que cinquante ans après en possession de cette église. Il ne saurait dès lors être question de tradition immémoriale. On connaît leur dévotion toute particulière à la sainte Vierge. Il ne faut en voir ici qu'un nouveau témoignage, et une

Pour bien des gens, ces mots de croyance pieuse et de tradition reçue de nos pères équivalent à un doute ou à une négation voilée. C'est une erreur. Les papes et les congrégations les emploient uniquement pour éviter de définir positivement la certitude des faits auxquels ils les appliquent. De cette manière leur approbation ne tombe directement que sur la tradition et sur la croyance elle-même, qui ont au préalable été examinées avec soin, et doivent toujours reposer sur des fondements solides et à l'abri de toute critique raisonnable. (V. Bened. XV, *De festis,* B. M. V, lib. II, cap. VII, n. 15, *in fine.*)

Benoît XIV cite un exemple où la congrégation fait retomber cette formule sur des constitutions des papes, qui n'auraient pas craint d'affirmer le fait en lui-même. (*De canonizatione sanct.,* lib. IV, part. 2, cap. x, de l'Institution du rosaire par saint Dominique.

Voici les paroles de Boniface IX : ... Cum... cardinalis... capituli... et civium relatione percepimus, et in urbe communis opinio habetur imago Beatæ Mariæ virginis, B. Lucæ evangelistæ miraculosè, ut piè creditur et communiter fertur depicta, quæ in dictà ecclesià venerabiliter asservatur...

Nous citerons à la fin de la 3e partie le texte de Grégoire XVI.

Vittorelli a vu dans les archives une bulle de Boniface VIII, datée de la première année de son règne, et dont celle de Boniface IX ne semble qu'une reproduction : « In urbe communis opinio habetur imaginem Virginis Mariæ beati Lucæ Evangelistæ miraculosè, ut piè creditur et communiter fertur, depictam.

imitation du chapitre de Sainte-Marie Majeure introduite après coup.

Nous avons dû insister sur ce fait autour duquel se groupent les témoignages et les honneurs rendus par l'antiquité chrétienne à notre image.

Mais, en dehors même de cette tradition spéciale, tous les auteurs qui en ont parlé l'attribuent à saint Luc. Nous ne nous jetterons pas dans des citations sans fin qui n'auraient d'autre résultat que de fatiguer le lecteur. Qu'il nous suffise de dire que nous pourrions alléguer en sa faveur la plupart des historiens de l'Église (1), tous ceux des papes (2), ceux des églises de Rome et de ses antiquités (3). Leurs noms sont connus ; leur réputation et leur autorité nous sont de sûrs garants qu'ils n'ont pas reproduit sans contrôle et sans examen une erreur du vulgaire. Il est à remarquer que c'est le plus souvent à son occasion et pour mieux établir son authenticité qu'ils nous disent que saint Luc a été peintre, et rappellent, en les confirmant, les témoignages des anciens qui en font foi.

Jamais possession ne fut mieux établie et plus universellement respectée jusqu'au jour où les centuriateurs de Magdebourg crurent devoir se prononcer contre elle. Ainsi que les catholiques le faisaient avant eux et le feront encore en réfutant leurs objections, ils ont réuni les deux questions en une seule, et leurs attaques contre la Vierge de Sainte-Marie Majeure ne sont qu'une conséquence de celles qu'ils avaient dirigées contre le caractère et les œuvres de saint Luc. Nous ne rentrerons pas dans une

---

(1) Nous avons vu plus haut le témoignage de Baronius.

(2) Ciacconius, *Ad Gregorium Magnum et ad Paulum. V.* Bonanni, *Romanorum pontificum numismata, ad Paulum V.*

(3) Onuphre Panvini, *De septem urbis ecclesiis. De reliquiis S. Mariæ Maj.* — Panciroli, *Tesori nascosti di Roma.* — Severano, *Memorie sacre di Roma*, etc., etc.

discussion déjà épuisée et où nous ne pourrions que reproduire, en l'appliquant à la question présente, ce que nous avons déjà dit sur ce sujet dans notre première partie.

Nous l'avons déjà vu, et nous le verrons mieux encore, Rome ne s'est jamais laissé ébranler dans son antique croyance ; et de nos jours, les savants et les artistes s'en rapprochent, si même ils n'y reviennent pas tout à fait.

Faut-il ici encore placer quelques inductions à côté des témoignages positifs?

Lorsque le pape Libère consacrait cette basilique du miracle, ne doit-on pas supposer qu'il désira l'enrichir d'une de ces images de la sainte Vierge, célèbres déjà dans le monde entier, que saint Luc avait laissées à l'Église? S'il ne la trouvait pas à Rome, il lui était facile de la faire venir de l'Orient. C'était déjà un usage assez généralement répandu : chaque sanctuaire important avait son trésor, offert à la vénération des fidèles, ou relique, ou image. Nous verrons Sixte III s'y conformer lorsqu'il relève et agrandit le temple érigé par son prédécesseur. Que Libère l'ait fait avant lui, cela est d'autant plus probable qu'aussi loin qu'il nous est donné de remonter, nous voyons les souverains pontifes, les princes et les fidèles unir et confondre dans leur dévotion la basilique et son image ; à tel point qu'il est difficile de faire l'histoire de l'une sans faire aussi celle de l'autre. La même chose s'observe dans tous les sanctuaires célèbres de la Mère de Dieu : partout, à l'origine, à défaut de ses reliques, vous trouvez une image miraculeuse ; Chartres a sa Vierge noire, Fourvières la statue qui lui fut donnée du temps de saint Bonaventure, Liesse celle qui fut apportée d'Égypte par les chevaliers qu'elle avait délivrés. Peut-être même pourrait-on observer que c'est à l'image surtout que s'adressent les hommages, et que c'est elle en quelque sorte qui bâtit et consacre sa demeure.

Si l'on s'obstine à révoquer en doute cette origine de notre image, on se met dans l'impossibilité d'expliquer la vénération qui l'environne tout d'abord dès les temps les plus reculés, et le rang qu'elle tient parmi les images de la sainte Vierge les plus célèbres en Occident. Sa prééminence n'a jamais été contestée par personne. Il en est d'autres qui prétendent, comme elle, à l'honneur d'avoir été peintes de la main de saint Luc; mais, quels que soient leurs titres, elles commencent par reconnaître les droits de celle de Sainte-Marie Majeure; elles s'inclinent devant elle et la saluent comme leur maîtresse et leur reine.

Nous ne pouvons en ce moment insister sur cet ordre d'idées; et, quelle que soit la valeur de ces considérations, nous nous contentons de les indiquer sommairement ici. Nous n'en prions pas moins nos lecteurs de leur prêter une attention sérieuse, et de ne pas les perdre de vue : elles ne tarderont pas à recevoir le complément qui leur manque, et trouveront leur confirmation dans tout ce qui nous reste à dire dans la troisième partie de ce travail.

Avant d'y entrer, résumons celle-ci en quelques lignes, comme nous avons fait pour la première.

Nous croyons avoir fait justice des romans inventés par les auteurs qui ont traité de l'histoire de la peinture, pour expliquer la tradition et la croyance populaire qui attribuent à saint Luc un grand nombre de portraits de la sainte Vierge, conservés jusqu'à nos jours.

Toutes ces images ne sont pas de sa main. Mais leur origine orientale, leur ressemblance entre elles, la croyance des fidèles, le respect dont elles sont entourées, nous obligent à les regarder comme des copies des portraits primitifs et authentiques faits par l'évangéliste.

Laissant les autres pour ce qu'elles peuvent être, nous avons fait un pas de plus pour celle de Sainte-Marie Majeure.

Les archéologues modernes ne la confondent plus avec les peintures postérieures de l'ère byzantine. Il ne nous est pas défendu d'espérer qu'un jour ils se mettront tout à fait d'accord avec la tradition, qui la reporte plus de deux siècles en arrière de l'époque à laquelle ils s'arrêtent.

Rome a dû envier à l'Orient ce portrait; elle avait des titres à l'obtenir. Si sainte Hélène ne le lui a pas apporté de Jérusalem, les papes Libère ou Sixte III l'ont fait venir pour l'ornement de leur basilique. Il était déjà célèbre avant le .temps de saint Grégoire le Grand. Dès lors il règne sur la ville qu'il protége : il a ses fêtes, son culte, son temple et son histoire qui ne sera plus interrompue jusqu'à nos jours.

III.

Histoire de la sainte Image.

Juste Lipse, au seizième siècle, a pu écrire un volume in-quarto sur l'histoire de Notre-Dame de Hall et ses miracles. La piété de ses lecteurs ne se lassait pas plus d'entendre parler des grandeurs, des gloires et des bien-faits de Marie, que Marie elle-même de répandre sur eux ses grâces et ses faveurs. Les miracles passés leur étaient un gage de ceux qu'ils attendaient encore ; un sentiment filial les faisait se complaire dans le détail des dons, des richesses et des splendeurs de son sanctuaire. Les temps sont changés. Si les fidèles de nos jours ont conservé le même amour pour la sainte Vierge et la même confiance en sa protection, à coup sûr ils ne supporteraient plus la lecture de ces gros ouvrages qui faisaient les délices de nos pères.

Aussi nous n'hésitons point à renfermer dans les plus étroites limites cette partie de notre travail, qui serait susceptible de longs développements. Ces détails, curieux pour ceux qui habitent Rome ou connaissent cette ville, mêlés à toute son histoire et à sa topographie, seraient arides et fatigants pour des lecteurs français. Nous aimons à croire toutefois que, dans ces proportions restreintes, cette simple notice pourra intéresser deux classes de per-sonnes ; et nous l'offrons aux pèlerins qui ont visité ou se préparent à visiter la Ville sainte, et aux âmes pieuses qui aiment à suivre les manifestations de l'amour et de la puis-sance de la sainte Vierge partout où elles se rencontrent.

Avant d'entrer en matière, il ne sera pas inutile de prévenir une objection qui se présente assez naturellement à l'esprit d'un étranger, étonné de ne pas retrouver dans la chapelle Borghèse les marques ordinaires de la piété romaine. Allez dans les sanctuaires chers au peuple de Rome, dans les chapelles de ses Vierges miraculeuses, au tombeau des saints qu'il regarde comme ses patrons, les murs sont recouverts de cœurs d'argent et de tableaux attestant les grâces reçues; l'or et les pierres précieuses étincèlent sous la lumière des lampes et des cierges votifs; une foule nombreuse et recueillie se succède sans interruption au pied de ces autels privilégiés, priant avec cette ferveur qui fait violence au ciel, et usant de ses baisers le marbre et le bronze des saintes images.

Ici rien de semblable. Point d'*ex-voto* d'or ni d'argent, point de concours de peuple. C'est dans l'abandon et dans la solitude de sa magnifique chapelle, habituellement fermée, que semble régner cette protectrice de la Ville sainte.

Déjà, au quinzième siècle, un écrivain anonyme, dans une notice dédiée au cardinal de Rouen (1), insigne dévot et bienfaiteur de la basilique, se propose la même difficulté, et se croit obligé de démontrer que l'absence de ces offrandes ne prouve rien contre l'existence de la puissance miraculeuse, dont il avait lui-même, après mille autres, éprouvé le bienfait (2).

____

(1) Guillaume d'Estouteville, le même qui a fait bâtir l'église de Saint-Augustin.

(2) Nous regrettons que l'espace nous manque pour citer en entier ce curieux passage. Il nous montre qu'à toutes les époques la reconnaissance des fidèles s'est traduite par des usages analogues.

Les vœux dont parle l'anonyme étaient des statues de cire. A leur défaut, on offrait des médailles, des cachets ou des statuettes de même matière (usage qui se conserve encore de nos jours en quelques églises de Bretagne). Il fait observer que, selon les lieux, les témoignages de la gratitude des fidèles sont différents : ici ils font célébrer des messes; ailleurs ils font brûler des cierges devant les images;

La dévotion des Romains, il est vrai, se porte avec cette ardeur et ces démonstrations propres aux populations enthousiastes du Midi, vers ces images par lesquelles la sainte Vierge se plaît à distribuer ses grâces. La prière attire les miracles, les miracles à leur tour font multiplier les prières ; et le concours se fait jusqu'au moment où une nouvelle manifestation de la puissance divine communiquée à Marie, attire la foule aux pieds d'un autre autel et ajoute un nouveau pèlerinage aux anciens, auxquels il finira quelquefois par se substituer. Ces sanctuaires de second ordre ont ainsi leur naissance et leurs jours d'éclat, suivis de la décadence qui frappe toutes les choses d'icibas. Ainsi s'établissait au seizième siècle la dévotion à la Vierge de Saint-Apollinaire ; plus tard celle de Saint-Augustin conquérait la popularité dont elle jouit encore ; de nos jours, nous voyons les hommages se porter vers l'image du Sauveur à Sainte-Marie *di Monticelli*, et vers celle de la Vierge qui apparut à M. Alphonse de Ratisbonne, à Saint-André *delle fratte*.

Il en est de même des tombeaux des saints ; et on pourrait suivre la foule passant de saint Louis de Gonzague au B. Labre, et de sainte Catherine de Sienne à la vénérable Élisabeth Sanna (1).

il en est qui payent leur dette aux pauvres ; d'autres enfin s'acquittent de leurs obligations par des voyages et des pèlerinages ; et c'est ce qui se pratique surtout à Rome. Il raconte seulement trois miracles, dont le dernier est sa propre guérison ; car son but n'est pas d'établir la primauté de la Vierge de saint Luc par le nombre des prodiges qu'elle opère, mais simplement de montrer que l'absence des vœux de cire n'y préjudicie pas. Il n'en prie pas moins le lecteur de juger de ce qu'il pourrait en dire par ces trois faits qu'il a puisés dans un océan inépuisable, *Velut ex mari magno prælibatis.* — De Angelis.

(1) Il ne s'agit que des miracles contemporains. Afin de mieux éloigné toute idée de comparaison, nous avons choisi deux grands noms, pour les mettre en regard d'un simple bienheureux, et d'une femme morte, il est vrai, en odeur de sainteté, mais sur laquelle l'Église ne s'est pas encore prononcée. Élisabeth Sanna, morte il y a quatre ou cinq ans, est enterrée à l'église du Sauveur *in onda*. On lui attribue des miracles opérés depuis sa mort.

Mais tout cela se fait sans détriment de ces autres sanctuaires remontant aux premiers siècles, occupant dans l'Église une place à part et comme un rang hiérarchique, consacrés par le temps, la tradition, la liturgie elle-même. Sainte-Marie-Majeure, Sainte-Marie dans le Transtévère, non plus que les tombeaux de saint Pierre et de saint Paul, n'ont point à redouter cette espèce de concurrence et sont à l'abri de ce déclin. La dévotion qui les entoure, plus tranquille et plus calme, est aussi plus profonde et plus durable; ils semblent participer de la vie même de l'Église, et se renouveler comme elle, à mesure que les siècles avancent, dans une éternelle jeunesse.

Dans les temps ordinaires, Sainte-Marie Majeure est peu fréquentée; mais elle est dans un quartier désert; et pourtant il ne m'est jamais arrivé d'y entrer sans trouver quelques personnes agenouillées devant la crèche ou devant la Vierge de saint Luc. Si les murs ne sont pas couverts d'*ex-voto*, ce n'est pas qu'il ne lui en soit offert : mais on craindrait de faire disparaître, fût-ce sous l'or et l'argent, ces marbres et ces sculptures, et de gâter, par les témoignages de la reconnaissance des fidèles, la magnificence de cet autel.

Mais qu'une circonstance importante vienne réveiller leur piété et leur rappeler que là est leur principale protectrice, et vous verrez, comme en 1837 et en 1860, dix mille personnes suivre, le chapelet à la main, sa marche suppliante à la fois et triomphale par les rues de la cité; l'église où elle reposera, si vaste qu'elle puisse être, ne pourra contenir la foule qui se pressera sans interruption dans son enceinte pendant tout le temps de son séjour; et elle ne remontera sur son trône que couverte d'or et chargée de pierres précieuses.

Revenons maintenant à son histoire, dont ces considérations nous ont détournés un instant.

§ 1.

ARRIVÉE EN ITALIE.

Nous savons son origine : il n'est pas aussi facile de fixer l'époque et les circonstances dans lesquelles elle est venue à Rome. Nos pères dans la foi se contentaient d'aller la vénérer sur sa colline et de recevoir ses grâces : il ont gardé le silence sur cette question, et nous en sommes réduits aux conjectures. Parcourons rapidement celles qui semblent le plus plausibles (1).

Il est à peine besoin de mentionner l'opinion de quelques auteurs qui la font apporter de Jérusalem après la ruine de cette ville, en même temps que les trésors du temple. Tito, après l'avoir fait servir à son triomphe, l'aurait déposée dans sa basilique, où elle serait restée jusqu'à la paix de l'Église. Tite triompha des Juifs, et non des chrétiens : les chrétiens avaient quitté la ville avant la catastrophe ; et, sans aucun doute, ils avaient mis en sûreté tous les objets de leur culte et de leur vénération.

Il est peu probable qu'elle soit venue à Rome pendant l'ère des persécutions. Les chrétiens de ce temps avaient bien d'autres préoccupations, et ne devaient guère trouver le loisir de songer à ce qu'on pourrait appeler le luxe

(1) Quelques auteurs la font peindre à Rome même par saint Luc, pendant qu'il séjournait avec saint Paul dans la maison changée depuis en oratoire, sous l'église de Sainte-Marie *in Via lata*. (V. Primo trofeo della S^{ma} Croce eretto in Roma... da Fioravante Martinelli. Roma, 1651.)

L'inscription placée sur la porte de ce sanctuaire, sans la combattre, n'est pas favorable à cette prétention.

« Oratorium quondam sancti Pauli apostoli, Lucæ evangelistæ, et Martialis martyris, in quo et imago Mariæ Virginis reperta sistebat, una ex septem a beato Luca depictis.

de la piété. Il était bon d'ailleurs que tout ce trésor de souvenirs et de saintes reliques restât confié à la garde de l'église de la Judée, jusqu'au moment choisi de Dieu pour les glorifier par un culte public. Disséminés trop tôt dans toute la chrétienté, il nous serait impossible aujourd'hui de suivre leurs traces et de remonter jusqu'à la source des traditions qui nous en garantissent l'authenticité. C'est seulement lorsque la paix donnée par Constantin à l'Église lui permet de s'épanouir au grand jour, dans toute la plénitude de sa vie, de son culte et de son amour, que cette dispersion commence. Elle se continuera de siècle en siècle, jusqu'à l'entier dépouillement de cette église si riche, et ne s'arrêtera que lorsque, par le départ même de la maison où le Sauveur avait été conçu, il ne restera plus à cette terre qui l'avait renié et immolé que le sol même et les pierres sanctifiés par son passage.

Pour que rien ne manquât au triomphe de son Église, à côté de Constantin, Dieu avait préparé sainte Hélène. Pendant que le fils affranchit la religion chrétienne, lui fait sa place en ce monde et la porte avec lui sur le trône, la mère, avec la puissance d'une impératrice et le sentiment délicat d'une femme, parcourt l'Orient, recherchant les lieux consacrés par les mystères et les bienfaits du Sauveur, les dégageant des souillures du paganisme, et les marquant par des basiliques. Elle recueille les souvenirs qu'il avait laissés de sa personne, et répartit ces reliques, saintes au delà de toutes les autres, entre Jérusalem, Constantinople et Rome : Rome surtout, où elle avait son palais, auprès de celui du successeur de saint Pierre, Rome, pleine encore de nos jours de son souvenir, Rome, où elle devait reposer elle-même au milieu des trésors qu'elle y avait accumulés, et dont elle partage la gloire et le culte.

Avait-elle joint à la croix du Sauveur, à ses clous et à la terre du Calvaire, imprégnée de son sang, l'image de sa Mère? On aime à le croire. C'était à elle qu'il appartenait de donner cet exemple, que les deux impératrices d'Orient suivront plus tard. Mais nous n'avons aucune preuve positive qu'elle l'ait fait.

Dans ce cas elle l'aurait placée dans la chapelle de son palais Sessorien (1), d'où Libère, quelques années après, l'aurait enlevée pour en faire le principal ornement de la basilique qu'il élevait sur le plan tracé par la sainte Vierge elle-même.

Il est du moins fort probable que Libère, s'il ne trouva pas à Rome ce portrait de la sainte Vierge, précieux à double titre, et à cause de son authenticité, et à raison de la sainteté de son auteur, le fit venir de l'Orient. Cela lui était facile : et on a peine à concevoir qu'il n'y ait pas songé. En lui donnant la place d'honneur dans sa nouvelle basilique, il ne faisait que se conformer à l'usage déjà établi, et sanctionné par Dieu lui-même, dans la première des églises érigées par Constantin et saint Silvestre. On sait que le jour de sa consécration par le souverain pontife, le peuple romain vit apparaître miraculeusement, au point culminant de l'abside, cette noble et majestueuse figure du Sauveur, qui de là encore semble protéger l'église mère et maîtresse (2), et la ville sainte dont elle prenait possession.

Toutes ces hypothèses ont leur probabilité, et nous pouvions d'autant moins les passer sous silence, que les témoignages des historiens postérieurs, loin de leur être contraires, ne feront que les confirmer.

---

(1) Aujourd'hui église et couvent de Sainte-Croix de Jérusalem.

(2) Sacrosancta Lateranensis ecclesia, omnium urbis et orbis ecclesiarum mater et caput. (Inscription du portique de Saint-Jean de Latran.)

C'est seulement 60 ans après Libère que nous en trouvons les premières traces, ainsi que celles d'une tradition plus précise et plus formelle.

La basilique érigée par lui tombait en ruines, ou se trouvait insuffisante. Sixte III dut la reconstruire. Le concile d'Éphèse venait de déclarer la maternité divine de la sainte Vierge. Le souverain pontife voulut consacrer le souvenir de ses délibérations et de ses décisions, et fit représenter autour de la grande nef, dans les mosaïques qu'on y voit encore, l'histoire prophétique de Marie dans l'Ancien Testament, et les principaux faits de sa vie tels qu'ils sont racontés par le Nouveau.

En 772 un de ses successeurs, Adrien I, écrivant à Charlemagne à l'occasion du concile de Francfort et de la question du culte des images, rappelle ces travaux de Sixte III, et ajoute « qu'il enrichit aussi la basilique de « pieuses images. » Il est difficile de ne pas voir, dans ces paroles, celle qui nous occupe. Un siècle et demi après la réédification de Sainte-Marie Majeure, elle est déjà célèbre, sans que, dans l'intervalle, on trouve aucun pape auquel on ait quelque raison de l'attribuer. Remarquons aussi qu'Adrien suppose manifestement que cette image existe encore de son temps; et qu'on n'en connaît aucune autre, à laquelle on puisse appliquer ses paroles. Or, nous savons assez, grâce au caractère traditionnel de l'Église de Rome, qu'une Vierge aussi longtemps vénérée, dans un de ses temples les plus augustes, n'a pu disparaître sans laisser de traces dans la mémoire des fidèles, et les écrits déjà nombreux des contemporains.

Sixte a pu la trouver à Rome, et peut-être n'a-t-il fait que lui rendre la place qu'elle occupait déjà dans la basilique de Libère; il a pu aussi la faire venir de l'Orient.

Sans prétendre lui attribuer plus de valeur qu'il ne lui en donne lui-même, nous ne voyons pas pourquoi nous craindrions de rapporter la conjecture émise sur ce sujet par le dernier historien de notre image (1). Les pères du concile d'Éphèse, dans la procession sollennelle qui termina leurs sessions, et dont les acclamations retentirent dans le monde entier, portèrent en triomphe, au travers des rues illuminées de la cité, une image de la Mère de Dieu que le peuple entier saluait de ses cris d'enthousiasme et de ses ardentes prières. N'oublions pas qu'Éphèse avait été pendant plusieurs années la résidence de Marie. C'est là, autant qu'à Jérusalem, que l'on devait conserver son souvenir et son portrait. Nul doute que dans cette circonstance on n'ait choisi la plus vénérée de ses images. Ne peut-on pas supposer que les évêques l'aient envoyée à Rome, comme un souvenir de leurs travaux, et une pièce justificative des décrets qu'ils soumettaient à l'approbation du souverain pontife? Dans ce cas, Sixte ne pouvait faire moins que de lui donner la place d'honneur dans la première de ses basiliques.

On a pu croire autrefois qu'elle était venue de Jérusalem, en même temps que l'autre partie du trésor de Sainte-Marie Majeure, la crèche et les reliques de l'enfance du Sauveur. Cela n'est plus permis. Deux dates certaines s'y opposent. Saint Grégoire le Grand, nous l'avons vu, porte notre image à saint Pierre en 590; et monseigneur Liverani établit, dans son intéressante brochure, que les souvenirs de Béthléem ne sont venus donner un nouveau nom à la basilique Libérienne (2) que 50 ou 54 ans plus tard, sous le pontificat de Théodore, de 640 à 644.

---

(1) Mgr Fabi Montani, *Dell' antica immagine...*, p. 27.

(2) Del nome di *santa Maria ad præsepe.*

§ 2.

DE SAINT GRÉGOIRE LE GRAND A PAUL V.

Nous avons supposé que Libère ou Sixte III avaient placé la Vierge de saint Luc au point culminant de l'arc triomphal, qui sépare la nef de l'abside. C'était sa place naturelle, consacrée par l'usage des premiers siècles aux images du Sauveur et de sa Mère : les anciennes basiliques de Rome en font foi. Nous avons cité le Latran ; on peut voir encore Sainte-Balbine et Sainte-Marie *in Domnica*, où ces figures en mosaïques sont isolées, et sans rapport direct avec celles qui les environnent.

Elle dut y rester jusque vers le milieu du septième siècle. A cette époque un de ces baldaquins, que les Romains appellent ciboire, de marbres et de métaux précieux, fut érigé vers le haut et sur la droite de la grande nef, pour conserver la crèche et les langes du Sauveur, apportés récemment de l'Orient. Il est à présumer que, pour la régularité de l'ornementation, on en éleva un semblable vis-à-vis, sur la gauche : et, afin qu'il n'eût rien à envier au premier, on y plaça la Vierge de saint Luc. Nous savons du moins d'une manière certaine, que telle était au douzième siècle la disposition intérieure de la basilique. Ce baldaquin, refait à cette époque aux frais du sénat et du peuple, comme nous l'avons vu, subsista avec quelques restaurations de temps en temps, jusqu'à ce que Paul V fît construire la magnifique chapelle qui l'a remplacé (1). De Angelis nous en a conservé le dessin et la description.

On peut se le figurer comme une espèce de chapelle

---

(1) La chapelle de Paul V lui enleva son image, mais ne le fit pas disparaître. Il reçut le berceau du Sauveur à la place du portrait de sa mère ; et dura jusqu'aux restaurations de Benoit XIV.

gothique carrée, portée sur quatre colonnes de marbre
blanc. Celui de saint Jean de Latran, où l'on conserve les
têtes des apôtres saint Pierre et saint Paul, peut en donner
une idée. Au-dessous se trouvait l'autel de saint Grégoire,
dont le retable s'élevait jusqu'au sommet des colonnes,
fermant ainsi un des côtés de sa partie inférieure. C'est
sur ce retable que l'on voyait le tableau rappelant le miracle dont nous avons parlé. La Vierge était enfermée dans
la partie supérieure, entourée de lampes et d'ornements
de prix, protégée par une grille de fer, et recouverte d'un
voile, qui, dès lors, ne se levait qu'à certaines fêtes et à certains jours de l'année. La partie antérieure de ce monu-
ment, celle où se trouvait le tableau de saint Luc, portait
le cachet du quinzième siècle, et appartenait aux dernières restaurations; l'autre, le fond de l'autel, et le derrière de l'édicule superposé, étaient dans le style du
douzième siècle.

Mais avant d'arriver à cette époque, il nous faut revenir un instant sur nos pas, et noter un miracle qui rappelle celui de saint Grégoire le Grand. Il est raconté par
Anastase le bibliothécaire, dont nous ne ferons qu'abré-
ger le récit, reproduit plus tard par tous les historiens de
saint Léon IV.

Un énorme dragon, caché dans les ruines sur lesquelles
s'élève le couvent de Sainte-Lucie des Cailloux (in silice),
ravageait tout ce quartier assez voisin de la basilique. Tous
les efforts faits pour le détruire avaient été impuissants :
Le souverain pontife (1) recourut à la sainte Vierge. Il ordonne une procession solennelle qui, prenant à Saint-Jean
de Latran l'image célèbre du Sauveur, et passant devant
le repaire, au fond duquel le monstre était déjà retenu
par une force divine, l'apporte à Sainte-Marie Majeure.

(1) Saint Léon IV, élu en 817.

Les prières du pontife et du peuple, offertes devant les deux images réunies du Fils et de la Mère, furent exaucées aussitôt : à partir de ce moment on ne compta plus de nouvelle victime et le dragon disparut sans retour.

En souvenir de ce bienfait, saint Léon institua une procession dont on trouve la description détaillée dans Marangoni (1). Elle partait du Latran, passait par le Forum, longeait les murs de Sainte-Lucie et venait déposer le portrait du Sauveur, à côté de celui de la sainte Vierge, descendu à cet effet de son tabernacle, sur l'autel principal de la basilique. Elle se célébrait avec une pompe et un concours extraordinaires la veille de l'Assomption, et se prolongeait assez avant dans la nuit. Les désordres auxquels elle donnait lieu obligèrent saint Pie V à la supprimer, vers la fin du seizième siècle.

Nous n'avons rien dit du miracle qui sauva la vie au pape saint Martin (649). Il se passa dans Sainte-Marie Majeure et fut regardé comme un effet de la protection de la sainte Vierge. Mais, bien que les historiens du tableau de saint Luc le mentionnent à cette occasion, rien n'indique qu'il y fut pour quelque chose.

Nous croyons déjà en avoir fait la remarque ailleurs, mais c'est ici le lieu de le répéter de nouveau : ces auteurs ne le séparent presque jamais de la basilique elle-même, et il ne faut pas leur en faire un reproche. Ce n'est point là une confusion blâmable, mais le résultat d'un sentiment naturel et vrai, et l'expression d'une loi générale. Tout sanctuaire a son image, qui en est comme l'âme et la vie (2) : on ne comprend guère plus l'un sans

(1) Storia dell' antichissimo oratorio di san-Lorenzo nel patriarchio Lateranense.
(2) Est-il besoin de dire qu'un grand souvenir, ou une relique importante peuvent en tenir lieu. Saint-Pierre de Rome, ou l'étable de Béthléem n'ont pas besoin d'une image miraculeuse. Mais ici encore on pourrait appliquer la même observation.

l'autre, que l'âme sans le corps, ou le corps privé de l'âme qui l'anime. Les fidèles dans la simplicité de leur foi, comme les savants dans leurs recherches, et les souverains pontifes dans leur piété et leur confiance, les ont toujours unis. Toute visite à Sainte-Marie Majeure se termine aux pieds de la Vierge de saint Luc.

N'est-ce pas sous cette forme que Marie a voulu recevoir nos hommages dans ce lieu qu'elle avait choisi, et sous ces traits qu'elle y manifeste sa puissance? C'est elle, c'est cette image, qui apparaît aux malades qu'elle guérit, aux naufragés quand elle calme les flots : c'est elle qui sera peinte sur les tableaux destinés à conserver le souvenir de ses bienfaits, c'est elle aussi qui brillera comme le sceau de la basilique, sur les maisons qui en dépendent et les propriétés consacrées à son entretien (1).

Nous tâcherons toutefois de ne pas céder trop souvent à cet entraînement ; et nous nous abstenons en ce moment

(1) Il est d'usage à Rome de marquer par une inscription, des armoiries, un symbole, etc., les propriétés et les maisons appartenant à une église, à une confrérie, à une congrégation religieuse. C'est aussi l'usage que la plupart des maisons aient sur leur façade un tableau ou une statue de la sainte Vierge devant laquelle brûle ordinairement une lampe (*).

On les orne de fleurs, selon la saison, au moins les jours de fête. La Vierge de saint Luc, peinte sur les maisons appartenant à Sainte-Marie Majeure, atteint ce double but. Ordinairement on lit au-dessous de l'inscription : *Basilicæ Sanctæ Mariæ Majoris.*

(*) Il y a dans les rues ou sur les places de Rome 1,421 images de la sainte Vierge, peintes sur toile ou sur bois, quelquefois sur papier ; sculptées en marbre, en plâtre, en stuc, en bois, en terre cuite : ce sont tantôt des copies d'images célèbres conservées dans les églises, tantôt des représentations de ses différents mystères. Les plus nombreuses sont la Vierge des Douleurs (103) et la Vierge de la Compassion, tenant sur ses genoux le corps du Sauveur (202).

Les habitants du quartier célèbrent souvent en plein air la fête de leur *madone*. On compte 314 de ces fêtes. Elles consistent en chants religieux, suivis d'illuminations, de feux d'artifices, de ballons, etc.

Il faut joindre à ces vierges, 1318 images de saints.

Ces images sont ornées de 1923 cœurs d'or, couronnes d'argent, colliers de perles ou de corail, et autres objets précieux offerts en *ex-voto* ; et de 110 *ex-voto* d'une autre nature, tableaux de grâces reçues, poignards, stylets, armes à feu, scapulaires, etc.

Ces détails sont empruntés à l'ouvrage publié en 1855 par M. Rufini (2 vol. in-8°). L'auteur ne se vante pas de n'avoir commis aucune omission ; et nous savons que d'autres images ont été érigées depuis, et qui comptent au nombre des plus belles.

de relater le décret de saint Serge I (élu en 687), assignant Sainte-Marie Majeure pour *Station* (c'est le mot consacré) à la procession du lundi des Rogations qui vient aussi se terminer devant la Vierge de saint Luc ; et de rappeler que, lors de l'invasion d'Astaulphe (752), Étienne III implora la protection du Ciel, par une procession qui se rendit de Sainte-Marie Majeure au tombeau du Prince des apôtres.

Mais il est un point de l'histoire liturgique que nous ne devons pas passer sous silence.

C'est devant elle que fut chanté pour la première fois l'*Alma Redemptoris mater*, composé par Hermann Contract en 1064. Jamais les sentiments de douce et humble confiance des fidèles en Marie n'ont revêtu une plus touchante expression. On dirait cette hymne inspirée par la contemplation de la mère du Rédempteur portant entre ses bras le Salut du monde. L'Église la reçut comme de sa main, et la chante encore dans ce temps heureux de l'avent et de Noël, destiné à célébrer les espérances et les joies de la maternité divine.

Au treizième siècle, le cardinal Prosper Colonne, sur le point de faire naufrage, lorsqu'il se rendait de Rome à Avignon, invoque la Vierge de Sainte-Marie Majeure dont l'image miraculeuse lui apparaît au milieu de la tempête, et calme les vents et les flots. En souvenir de ce miracle, il fit placer un tableau qui le représentait, dans la basilique, où on le voyait encore au dix-septième siècle. Sa reconnaissance ne s'arrêta pas là. Son frère et lui firent don à Sainte-Marie Majeure de divers revenus et de plusieurs fonds de terre ; et il la choisit pour le lieu de sa sépulture, lorsqu'il mourut en France, quelques années plus tard (1).

(1) Voici les paroles du testament d'un Agapit Colonna, petit neveu de ce Pierre

A la même époque, un personnage fameux témoignait à sa manière de sa dévotion et de celle du peuple romain envers notre image. C'est à ses pieds que l'*Auguste tribun* de Rome, Nicolas de Rienzi, se fit couronner de *six couronnes*, au milieu d'une pompe imitée des triomphes des anciens empereurs.

Quelques années plus tard, le duc de Milan, Philippe-Marie Visconti, s'adressait à elle pour obtenir la guérison de son fils unique, désespéré par les médecins. Il était exaucé à l'instant même, et lui envoyait, pour dégager son vœu, une statue d'or du poids de l'enfant qu'elle lui avait rendu.

A l'exemple de saint Grégoire le Grand et de saint Léon IV, les papes, leurs successeurs, l'ont adoptée pour leur patronne et saluent en elle la protectrice de l'Église. C'est à elle qu'ils auront recours lorque des fléaux redoutables viendront fondre sur Rome ou sur la chrétienté tout entière. Que la peste ou la famine exercent leurs ravages, que le Turc envahisse les provinces chrétiennes et menace le séjour même du vicaire de Jésus-Christ, on les verra convoquer aux pieds de son autel le clergé et le peuple, et la transporter, dans une supplication solennelle, tantôt seule, tantôt en compagnie de l'image de son Fils, à la basilique du Prince des apôtres. C'est devant elle aussi qu'ils viendront chanter le cantique d'actions de grâces, pour les bienfaits accordés par Dieu à son intercession toute-puissante.

Grégoire XI (1377), à peine de retour de la captivité d'Avignon, renouait la chaîne de cette tradition interrom-

qui s'en allait légat en France un siècle auparavant : « In ecclesia beatæ Mariæ Majoris de Urbe, quæ dicitur de nive, meam eligo sepulturam, in nave illa propinqua imagini Virginis gloriosæ, depictæ manu Beati Lucæ, dum tamen sit possibile. » L'acte est daté de 1330.

pue pendant soixante-dix ans, et venait, dans un cortége plus triomphal que celui même de son couronnement, reconnaître qu'il lui devait l'accomplissement de ses vœux les plus chers.

Léon X en 1518, implorant son secours contre les Turcs, la faisait porter à Saint-Pierre, et la suivait lui-même, pieds nus, accompagné du sacré Collége.

Cinq ans plus tard, Adrien V, ayant réussi à former une ligue des princes chrétiens contre l'ennemi commun, faisait célébrer une messe solennelle à son autel, et promulguait sous ses regards la bulle de cette nouvelle croisade, qui malheureusement n'obtint pas le succès qu'en espérait le pieux pontife.

Jules III, en 1551, lui envoyait la rose d'or, qu'il avait bénite le quatrième dimanche du carême, afin de mettre sous sa protection le concile qu'il venait de rouvrir à Trente.

C'est au pied de son autel que saint Pie V remit à Sforza, comte de Santa-Fiore, qu'il envoyait au secours des catholiques français, sous Charles IX, le drapeau de l'Église romaine : c'est devant elle qu'il vint solennellement rendre grâces à Dieu de ses succès, et plus tard de cette victoire de Lépante, à laquelle les galères du saint-siége, commandées par le connétable Colonne, avaient pris une si glorieuse part.

Il aimait à célébrer le saint sacrifice devant cette douce et pieuse image. Elle eut sa dernière pensée, et il vint lui demander une dernière bénédiction, avant de quitter la terre. Tout épuisé par l'âge, la maladie et les austérités, il voulut faire encore une fois la visite des sept basiliques, et terminer ce pèlerinage par Sainte-Marie Majeure. Il l'avait commencé à pied ; mais bientôt ses forces le trahirent, et il dut l'achever en litière. Qui dira ce suprême entretien avec cette tendre mère ; ses prières pour l'Église qu'il allait laisser veuve, et pour lui-même ; son dernier regard, et son dernier acte d'amour qui, commencé devant l'image, devait s'achever bientôt devant la réalité? Il la quitta pour aller s'étendre sur l'humble couche, où il ne lui restait plus qu'à rendre le dernier soupir. Plus tard son corps devait venir reposer sous le toit de celle qu'il avait tant aimée et si saintement servie, et il fait encore partie du trésor des reliques de la basilique.

Mais c'est en vain que nous voudrions énumérer, même en nous bornant aux plus éclatants, les témoignages d'amour et de vénération, donnés par les souverains pontifes à la Vierge de saint Luc. Il nous faudrait parcourir leur histoire tout entière. Il n'en est pas un qui n'ait partagé les sentiments de ceux que nous venons de nommer, et qui n'en ait laissé quelque marque particulière.

Citons seulement le pieux Clément VIII, qui, pendant plusieurs années, s'y rendait la nuit, de son palais du Quirinal, seul, à pied, montait à genoux les degrés de l'église, et attendait, prosterné devant la porte de la tribune, que l'heure fût venue de l'ouvrir. Il célébrait la messe devant la sainte image ; il en faisait célébrer d'autres en sa présence et semblait ne pouvoir rassasier sa dévotion et son amour. Il voulut lui rendre les ornements dont l'avaient dépouillée les soldats du connétable de Bourbon, et fut le premier qui plaça sur sa tête, et sur celle de l'enfant Jésus qu'elle tient entre ses bras, deux couronnes d'or enrichies de pierres précieuses, œuvre du plus célèbre artiste de Rome de ce temps-là.

Jusqu'ici nous avons vu la Vierge de saint Luc recevoir les hommages des Romains. A des époques périodiques son culte dépassait ces limites : elle semblait régner non plus seulement sur la ville mais sur le monde ; et l'Église entière était à ses pieds.

Dans les années de jubilé on la descendait de son ciboire et on lui dressait un trône au milieu de la grande nef de la basilique, en avant du maître-autel. Elle y restait exposée parmi les tentures de velours et de soie, les fleurs, l'encens et les lumières, gardée par le chapitre et le clergé inférieur de la basilique, par les soldats de Saint-Pierre, et les membres de cette antique confrérie du Gonfalon, la plus ancienne de toutes, fondée à Sainte-Marie Majeure même, et dont saint Bonaventure avait dressé les statuts. Le souverain pontife, accompagné de sa cour, donnait l'exemple et venait le premier lui payer son tribut. Il était suivi par les cardinaux et les prélats : les chapitres des autres basiliques et des collégiales, les corps religieux, les colléges, les confréries de toute espèce, dans leurs costumes variés, les pèlerins de tout âge, de tout sexe et de toute condition, partis processionnellement de quelque église de la ville, chacun sous sa croix et sous sa bannière, arrivaient successivement à ses pieds. Pendant le cours entier de l'année sainte, ce pieux concours ne cessait pas ; les abords de la basilique retentissaient continuellement du chant des litanies et des hymnes sacrées ; une foule nombreuse, se renouvelant sans cesse, était toujours prosternée devant son autel, et faisait monter vers celle dont elle vénérait l'image, ses vœux et ses prières.

Mais les meilleures choses ont leurs inconvénients en ce monde. Des difficultés, nées des prétentions rivales des divers gardiens de la sainte image, décidèrent Paul V à supprimer cet antique usage. Lorsqu'il l'eut mise à la place qu'elle occupe encore dans la nouvelle chapelle qu'il venait de lui ériger, il décida qu'elle n'en descendrait plus pour être exposée dans la nef principale. Depuis lors c'est dans cette chapelle même que se rendent toutes ces processions, qui continuent toujours de se faire pendant l'année du jubilé, avec la même solennité et la même dévotion.

§ 3.

PAUL V.

Au commencement du dix-septième siècle la Vierge de saint Luc reposait toujours dans le ciboire ou baldaquin de marbre, que lui avaient consacré le sénat et le peuple romain, dans la grande nef de Sainte-Marie Majeure. Elle n'avait point de chapelle, et si on peut ainsi parler, de sanctuaire à elle. La basilique, il est vrai, semblait lui appartenir tout entière : c'était son temple et sa demeure, mais elle la partageait avec les reliques si précieuses de l'enfance du Sauveur; et les nécessités des fonctions (1) publiques ne permettaient pas de lui donner la place d'honneur, à laquelle elle avait droit.

Paul V résolut d'y apporter remède. Sixte-Quint venait d'ériger cette chapelle de la Crèche, qui est comme une basilique dans la basilique elle-même. Paul ne voulut pas moins faire pour l'image de la Mère, que son prédécesseur n'avait fait pour les reliques du Fils. Il donna l'ordre de jeter les fondements de la chapelle qui porte son nom. Elle s'éleva rapidement, ornée de marbres plus riches encore, et décorée par de meilleurs maîtres. Sept ans après elle était en état de recevoir la sainte image. On la trouve décrite longuement dans tous les guides de Rome. Aucune description ne peut rendre ce qu'on éprouve, lorsque l'œil se lève pour la première fois sur ces splendeurs.

---

(1) Le terme de *fonction* est consacré à Rome pour exprimer les cérémonies religieuses solennelles.

Le premier éblouissement passé, le pèlerin qui sort de la chapelle de Sixte-Quint, où il vient de lire la généalogie du Sauveur dans la suite de ses ancêtres, les promesses qui l'annoncent dans les oracles des prophètes, et l'histoire de sa nativité autour de sa crèche et de son berceau, se demande quel est le sens de cette décoration nouvelle qui se déroule sous ses regards. Dans la pensée du pape qui s'en était fait l'inspirateur, cette chapelle était destinée à honorer la Vierge, mère de Dieu et protectrice de l'Église ; les murailles devaient en raconter l'histoire, et chanter le poëme de ses grandeurs. Les hérésies vaincues, les persécuteurs frappés, les saints suscités par elle pour sauver le monde condamné par la justice de son Fils ; le triomphe de l'Église, dans le triomphe de Marie, commencé sur la terre, pour se consommer dans le ciel, représenté par la coupole, où Dieu la couronne au milieu des chœurs des anges et des saints : voilà ce qu'ont retracé le pinceau du Guide et des meilleurs artistes ses contemporains, et le ciseau des sculpteurs qui furent appelés à prêter leur concours à cette œuvre immense. Tous ces sujets se déroulent dans un ordre logique et harmonieux : l'esprit en est satisfait, plus encore que le regard.

M. le vicomte de Bussières les a décrits et commentés dans son beau livre des sept basiliques de Rome. Nous y renvoyons ceux qui désirent s'en faire une idée, et nous en conseillons la lecture à ceux qui veulent visiter avec fruit Sainte-Marie Majeure et les trésors de toute nature qu'elle renferme.

La piété de Paul V ne s'arrêta pas là. La Vierge de saint Luc a son sanctuaire ; elle aura son clergé à elle, ses offices, ses fêtes, et son culte de chaque jour. Un collége de douze chapelains, présidés par un primicier, est fondé dans ce but. Une de leurs fonctions est de chanter solennellement tous les samedis, après les vêpres du chapitre, les litanies de la sainte Vierge, devant son image découverte à cet effet. Le grand cardinal Tolet avait eu la même pensée, quelques années plutôt; les clercs institués par lui à cette fin existent toujours, et s'acquittent le matin du même devoir.

Paul avait réglé encore que désormais la messe solennelle du jour de l'Assomption serait chantée en présence du souverain pontife et du sacré Collége, à son autel; usage qui s'est maintenu jusqu'à nos jours. L'affluence croissante des étrangers de distinction a obligé Léon XII à la reporter au maître-autel de la basilique, autour duquel il est plus facile d'établir des tribunes.

Nous n'entrerons pas dans la description des fêtes, au milieu desquelles la Vierge de saint Luc fut transportée de son ancien autel, dans cette chapelle dont elle allait prendre possession. Ces détails ne sauraient avoir pour nous le même intérêt que pour les contemporains. Qu'il nous suffise de dire que Paul V y déploya toute sa magnificence, et prépara un véritable triomphe à celle qu'il regardait comme sa protectrice spéciale et sa mère. Seule, la procession de la Fête-Dieu est plus solennelle à Rome. On en jugera par ce seul fait que plus de trente cardinaux suivaient à pied dans le cortége. Le Pape, retenu par les affaires de l'Église au Vatican, où il célébra le saint sacrifice, ne put y prendre part. Dès qu'il fut libre, il accourut à Sainte-Marie Majeure, entra dans une tribune de la chapelle, et y resta, tout le temps à genoux, en prières, pendant les quelques heures que dura encore la cérémonie. Son recueillement, son humilité et sa ferveur touchaient les assistants jusqu'aux larmes.

Il avait pris la précaution, pour conserver un tableau

aussi précieux, et qui déjà souffrait des ravages du temps,
de le faire recouvrir d'une plaque d'argent doré, ciselée
avec art, dans laquelle s'enchâsse une double vitre, qui le
met complétement à l'abri des injures de l'air. A cette
plaque se sont ajoutées plus tard des couronnes et d'autres ornements, qui ne laissent plus voir que les deux têtes
du Sauveur et de sa Mère, et la partie supérieure du corps
de la sainte Vierge. Autant qu'on peut en juger, la pieuse
curiosité des fidèles n'y a rien perdu : la peinture était
déjà presque détruite dans les parties voisines des bords
de la planche, que recouvre cette décoration.

Il y a 250 ans que Paul V faisait monter la Vierge de
saint Luc à cette place qu'il lui avait préparée. Depuis lors
la chapelle a reçu les ornements qui lui manquaient encore (1); elle s'est enrichie de ces deux tombeaux qui en occupent les parois latérales ; l'autel provisoire a fait place
à un autel de marbre ; les chapelles de sainte Françoise
Romaine et de saint Charles Borromée, qui la précèdent,
avaient été achevées dès avant la mort du pontife ; mais
toutes les dispositions prises par lui ont été respectées.
Ce sanctuaire, devenu comme la demeure permanente de
la Mère de Dieu, a hérité des anciennes prérogatives de la
basilique : c'est là désormais que Marie reçoit les vœux et
les hommages des fidèles, et que viennent la trouver les
pèlerins de toutes les parties de la chrétienté ; elle ne descend plus de ce trône, sinon dans les rares circonstances

____

(1) L'ornementation de la chapelle n'était pas entièrement terminée, lorsque
Paul V fit cette translation. Elle ne le fut complétement qu'assez longtemps
après. Des tentures déguisèrent la nudité des murailles, le jour de la fête. Le pape,
en la léguant à sa famille, lui avait laissé le soin de compléter son œuvre. Les
princes Borghèse s'en sont noblement acquittés. C'est seulement en 1748 que la
princesse Agnès Colonne, mariée au P. Borghèse, remplaça l'ancien autel en bois,
par un autel de marbre en harmonie avec tout ce qui l'entoure.

La propriété de la vierge de saint Luc n'a pas passé à la famille Borghèse, avec
la chapelle Pauline ; elle est demeurée au chapitre de Sainte-Marie Majeure, dans
le sein duquel est toujours choisi le custode chargé de veiller sur elle.

où, sous le coup des fléaux de la colère de Dieu, les souverains pontifes la prient d'intercéder auprès de son Fils pour le salut de la ville et du monde.

Paul V avait le droit de reposer aux pieds de celle qu'il avait tant aimée et si généreusement glorifiée. Un an après sa mort, on ouvrait son tombeau dans cette nef de Saint-Pierre qu'il avait achevée; et son corps, trouvé intact et sans traces de corruption, était transporté à Sainte-Marie Majeure et déposé dans ce magnifique mausolée, sur lequel sa statue semble prier encore.

<h3 style="text-align:center">§ 4.</h3>

DE PAUL V A GRÉGOIRE XVI.

La dévotion des successeurs de Paul V à la Vierge de saint Luc, n'a rien à envier à celle des pontifes qui l'avaient précédé. Nous aurions, sous chaque règne, à enregistrer les mêmes témoignages de piété : c'est toujours la même confiance, le même amour; les peuples convoqués à sa chapelle; elle-même portée en procession dans les principales basiliques ; son secours invoqué surtout dans les invasions des Turcs ; les *Te Deum* d'actions de grâces chantés à son autel après la victoire. Nous craindrions de fatiguer nos lecteurs.

Nous ne voulons pas toutefois terminer cette matière, sans noter un de ces faits qui, se rattachant aux prescriptions liturgiques de Rome, nous montre, mieux que tout autre, le rang qu'elle occupe dans la pensée des souverains pontifes.

Benoît XIV, qui ne manquait jamais d'assister aux litanies du samedi, ordonna que dorénavant la *chapelle* (1) de

---

(1) On appelle à Rome chapelle papale ou chapelle cardinalice la messe chantée par un cardinal devant le saint-père et le sacré collége, ou par un évêque devant le sacré collége seul.

l'Immaculée Conception serait célébrée dans le nouveau sanctuaire élevé par Paul V, et la messe chantée par le cardinal protecteur. Le cardinal protecteur y officie encore à ce jour : mais les rigueurs de la saison sont cause que depuis longtemps déjà le pape et les cardinaux n'y viennent plus assister; bien que cette *chapelle* soit toujours inscrite sur le calendrier de la basilique.

Rappelons enfin que c'est à ses pieds, après avoir réuni autour d'elle les gages les plus précieux de Rome, les chaînes de saint Pierre, l'image du Sauveur, la Vierge donnée miraculeusement à sainte Galla, la fille de Symmaque, que Pie VI vint puiser la force et le courage dont il fit preuve dans son exil et dans son long martyre.

Avant d'arriver à son histoire de nos jours et de raconter ce que Grégoire XVI et Pie IX ont fait pour elle, il ne sera pas inutile de montrer par quelques traits, choisis entre mille, comment tous les saints et tous les pieux personnages qui ont passé à Rome, ont suivi les exemples des souverains pontifes, dans leur amour et leur vénération pour cette sainte image.

On sait que la famille royale d'Espagne avait accepté depuis des siècles, une espèce de patronage de Sainte-Marie Majeure. Dès le temps d'Alexandre VI, les rois Ferdinand et Isabelle la Grande lui envoyaient le premier or venu de l'Amérique, pour décorer le plafond de la basilique; Philippe IV méritait d'avoir sa statue de bronze sous le portique, d'où elle semble veiller sur le lieu saint. L'ambassadeur d'Espagne prenait, dans les occasions solennelles, rang parmi les chanoines. Les descendants de Philippe V acceptèrent cet héritage de la maison d'Autriche. Il ne manque pas, à Rome, de vieillards qui parlent encore des visites fréquentes de Charles IV et de la reine sa femme à la chapelle Borghèse. Il y a quelques années, on remarquait l'assiduité et la ferveur de Marie-Louise de Bourbon, reine d'Étrurie, et plus tard duchesse de Lucques, et de sa fille, l'Infante duchesse de Saxe. De nos jours les prêtres de la basilique ont été souvent touchés de la piété du roi de Naples et des deux reines sa femme et sa belle-mère, venant mettre leur malheur et leurs espérances sous la protection de la Vierge de saint Luc (1). Quatre fois l'année le chapitre célèbre des services solennels pour les membres défunts de cette illustre maison, dans la chapelle Borghèse.

Dans notre siècle encore un autre souverain, librement descendu du trône, semblait n'avoir pas de plus chère occupation que de lui faire sa cour. Charles-Emmanuel IV, roi de Sardaigne, s'était logé dans le voisinage de Sainte-Marie Majeure, afin de satisfaire plus aisément la dévotion qui l'amenait chaque jour à ses pieds. Entré au noviciat des jésuites, où il finit ses jours en odeur de sainteté, on l'entendit se plaindre de l'infirmité qui lui avait enlevé la vue, parce qu'elle le privait du bonheur de contempler le doux visage de sa mère.

Il ne faisait en cela que suivre les traditions de l'ordre, sous la règle duquel il avait voulu consacrer à Dieu ses dernières années. Nous verrons bientôt ce que saint François de Borgia a fait pour notre image. Depuis le temps de saint Ignace, il ne se passe guère de jour qu'elle ne soit visitée par les novices de Saint-André, et les pères de Saint-Eusèbe (2). C'est à son autel que les élèves du collége Germanique, qui, depuis 300 ans, portent dans toute l'Allemagne le zèle encore vivant de leur fondateur, viennent célébrer leur première messe; c'est sous sa protection

----

(1) Voyez Fabi Montani, *Ouvrage cité*, p. 140.

(2) Ces deux maisons consacrées, la première au noviciat, l'autre aux retraites et au second noviciat du troisième an, sont dans le quartier de Sainte-Marie Majeure. Saint Stanislas Kotska, mort à Saint-André, avait une dévotion toute spéciale à la Vierge de saint Luc.

qu'ils placent leur ministère et leurs travaux apostoliques.
C'est devant elle que se font consacrer les chanoines de la
basilique, lorsqu'ils viennent à être promus à l'épiscopat.
On en a vu tout récemment encore un exemple, dans la
personne de monseigneur **Jean-Baptiste Arnaldi**, archevêque actuel de Spolète.

Terminons par une de ces grâces qui, comme la plupart
des faits que nous avons choisis, s'est transmise jusqu'à
nos jours dans une fondation qui en conserve le souvenir.

Lors de la peste qui ravagea Rome sous Alexandre VII (1),
les employés de la daterie apostolique, située dans le rayon
de Sainte-Marie Majeure, se recommandèrent à la Vierge de
saint Luc, et durent à sa protection d'être tous préservés
du fléau. En mémoire de ce bienfait, ils firent le vœu, ra-
tifié par le souverain pontife, de se transporter tous les
ans dans sa chapelle, pour y entendre la messe célébrée
par le cardinal prodataire. Ils y communient de sa main,
et reçoivent ensuite une médaille bénie par le saint-père,
avec une inscription analogue à la circonstance. Il n'y ont
manqué qu'une seule fois dans le cours de plus de 200 ans,
pendant les troubles de la république de 1849. En 1859
le cardinal Mattei (2), ancien chanoine de la basilique,
récemment promu à la charge de prodataire, après la cérémonie d'usage, offrait au chapitre, réuni dans le lieu
de ses séances capitulaires, un superbe calice en or massif.

§ 5.

GRÉGOIRE XVI ET PIE IX.

La confiance des souverains pontifes et leur dévotion
pour cette image miraculeuse, au lieu de diminuer avec la

(1) Élu en 1655.
(2) Aujourd'hui doyen du sacré collège.

suite des temps, semblent s'accroître de siècle en siècle,
en raison des marques toujours nouvelles et plus nombreuses de sa protection. Le culte qu'on lui rend, se dé-
veloppe parallèlement à celui de la sainte Vierge elle-même.

Grégoire XVI montait sur le trône dans des circonstances
difficiles. L'orage, qui grondait de toute part contre la sou-
veraineté pontificale, éclate dès la première année de son règne. Il a recours, pour le conjurer, à celle qui depuis dix-
huit siècles triomphe de tous les ennemis de l'Église. Pour
la première fois, après 218 ans, il est dérogé à la loi portée
par Paul V. La Vierge de saint Luc descend de son trône
et quitte sa chapelle, trop étroite pour contenir la foule qui
va bientôt se presser à ses pieds. Elle est déposée au milieu de la grande nef, sous un de ces riches et élégants pa-
villons, comme on sait les faire à Rome. Pendant huit
jours la ville entière avec ses corps religieux, ses chapitres,
ses confréries vient implorer son secours et son assistance.

Quatre années plus tard, un fléau, non moins terrible
que les pestes antiques, menaçait la ville sainte. Le choléra, après avoir ravagé une partie de l'Europe, s'avançait
d'un pas lent et sûr. Les Romains étaient consternés, dans
l'attente de ravages semblables à ceux que l'on racontait
de Paris et des autres villes qu'il avait visitées. Grégoire se
souvient de l'exemple donné, douze siècles auparavant, par
le grand pape dont il porte le nom, et ordonne que la
vierge de Sainte-Marie-Majeure soit transportée à Saint-
Pierre, dans une procession solennelle. On trouve dans
les journaux du temps, tous les détails de cette cérémonie,
à laquelle la ville entière s'associa. La sainte image fit trois
stations, de huit jours chacune, dans trois des églises les
plus chères à la dévotion romaine, à Saint-Philippe de
Néri, à Saint-Pierre et au Jésus. Le Pape intervint per-

sonnellement à la procession qui la transporta de Saint-Philippe de Néri à Saint-Pierre, et à celle qui, du Jésus, la restitua à Sainte-Marie Majeure. Ce ne serait pas exagérer d'affirmer que Rome entière, pendant ces quatre semaines n'eut d'autre occupation que d'invoquer et d'honorer celle qui avait déjà su, par le passé, la protéger contre des maux non moins redoutables.

La marche du fléau en parut retardée, mais ne s'arrêta point. Deux ans après, en 1837, il s'abattait sur la ville. Grégoire, dont la confiance en Marie n'était nullement ébranlée, eut de nouveau recours à elle. Cette fois il choisit l'église du Jésus, pour déposer au milieu de la ville affligée celle qui devait être sa force, son secours et sa consolation. Elle y resta du 6 au 15 août, où elle fut rapportée dans sa chapelle, que le peuple ne cessa de remplir jusqu'à la disparition complète de la terrible maladie, le 15 octobre suivant. En ce jour, Grégoire XVI vint chanter devant elle un *Te Deum* d'action de grâces. Rome, il est vrai, n'avait pas été entièrement épargnée, mais elle n'avait point eu à déplorer des pertes comparables à celles qu'avaient subies les autres capitales de l'Europe. Le peuple attribuait à la protection de la Vierge de saint Luc cette préservation relative. On remarqua que le clergé de la basilique, composé d'une centaine de personnes, ne compta que deux victimes, et que pas un seul de ses employés ne fut frappé, bien que sur le nombre il y en eut que l'on aurait pu croire prédisposés par leur âge ou leurs infirmités à subir les atteintes du mal.

L'année suivante le Pape rendait à la sainte Vierge ses ornements de vermeil et de pierres précieuses, dont le traité de Tolentino l'avait dépouillée, et déposait sur sa tête une riche et magnifique couronne, en lui adressant cette prière : « Comme nos mains vous couronnent sur la terre, ainsi puissions-nous, par votre médiation, recevoir de votre fils Jésus-Christ la couronne de gloire et d'honneur au ciel. » Il en plaçait une autre sur la tête de l'enfant Jésus, en disant : « Comme nos mains vous couronnent sur la terre, ainsi puissions-nous mériter de recevoir de vous la couronne de gloire et d'honneur au ciel. »

Lors de la première translation de la sainte image au Jésus, on voulut profiter de cette occasion pour l'étudier de plus près et juger de son état de conservation. Entre les deux plaques de cuivre qui recouvraient, par derrière, la planche de cèdre sur laquelle elle est peinte, on trouva cette prière qui, selon toutes les apparences, y avait été déposée par Paul V, et que Grégoire XVI enrichit d'indulgences (1).

« Je vous salue, auguste Reine de la paix, très-sainte mère de Dieu. Je vous en conjure, par le cœur sacré de Jésus, votre fils, le prince de la paix, faites qu'il dépose sa colère, et règne sur nous dans la paix. Souvenez-vous, ô très-miséricordieuse vierge Marie, que l'on n'a jamais en-

(1) Ave, augustissima regina pacis, sanctissima mater Dei; per sacratissimum cor Jesu filii tui, principis pacis, fac ut quiescat ira ipsius, et regnet super nos in pace. Memorare, o piissima virgo Maria, non esse auditum a sæculo quemquam tua petentem suffragia esse derelictum. Ego tali animatus confidentiâ ad te venio. Noli, mater Verbi, verba mea despicere, sed audi propitia et exaudi, o clemens, o pia, o dulcis virgo Maria.

La bulle de Grégoire XVI, donnée à cette occasion, commence par ces mots : *Cœlestis regina.* Voici le passage où il rappelle les titres de l'image qu'il allait couronner :

« Et quoniam in nostrâ patriarchali Liberianâ basilicâ, cui a sancta Maria Majore nomen, vetustissima Deiparæ Virginis cum infantulo Jesu depicta asservatur imago, quæ insignibus prodigiis clara, et summo populi Christiani concursu cultuque celebrata, et opulentissimorum olim copiâ donariorum cumulata, à sancto Gregorio magno predecessore nostro, in solemni pompâ, quemadmodùm piâ ex traditione accepimus, per urbem ducta sævientem eo tempore violenter pestilentiam statim depulit ac profligavit, nos tanti Pontificis vestigia sectantes, nullâ interpositâ morâ, Romanum populum omni studio ac vigilantiâ invitandum curavimus, ut unâ vobiscum Deiparæ Virginis in eâ sacrâ imagine veneraretur et coleret... »

Datum Romæ apud sanctam Mariam Majorem (15 août 1838).

tendu dire, que celui qui avait réclamé votre assistance.
ait été abandonné : et moi aussi, animé de cette confiance.
je viens à vous, Mère de la Parole éternelle, ne méprisez
pas mes paroles, mais daignez les écouter et les exaucer.
Soyez-moi propice, ô douce vierge Marie, pleine de tendresse, de compassion et de clémence ! »

En 1849, le désordre et l'impiété régnaient à Rome,
sous le nom de république : on put craindre un instant
que les bandits, aux mains desquels était tombée la ville
sainte, ne voulussent ravir à la Vierge de saint Luc ces
ornements, dont la piété de Grégoire XVI venait de la
couvrir. Qui sait même, s'ils n'auraient pas poussé plus
loin le sacrilége?

Elle se défendit elle-même :

Quatre hommes étaient venus dresser l'inventaire de la
chapelle Borghèse : c'était le premier acte de la spolia-
tion : le clergé était obligé de présenter, lorsqu'il en serait requis, tous les objets ainsi enregistrés. Lorsqu'ils
ont achevé, ils veulent se faire découvrir la sainte image.
Le prêtre sacristain se revêt tranquillement de son surplis,
allume deux cierges, et, au moment de gravir l'escalier qui
conduit aux portes de bronze qui la protégent, il se met
à genoux, et entonne, selon l'usage et la règle, les litanies
de Lorette. Un reste de foi se réveille dans ces âmes. Ils
lui demandent ce qui se trouve dans cette niche. « Une
antique image de Notre-Dame, peinte sur bois ; » leur
répond-il sans hésiter. Cette réponse semble les satisfaire,
et ils se retirent les uns après les autres. Seuls, de toutes
les richesses visibles de la basilique, les trésors dont elle
était chargée ne furent pas inscrits sur le livre de con-
fiscation.

L'année suivante Pie IX rentrait à Rome, à la suite d'un
exil de dix-huit mois, et ramenait avec lui la joie, l'espé-

rance et la vie. Trois jours après il venait assister, dans la chapelle Borghèse, au *Te Deum* d'actions de grâces, chanté par le cardinal Altieri, qui en était et en est encore le protecteur.

Plusieurs fois, dans le cours des douze dernières années, il a fait découvrir l'image miraculeuse, en dehors des jours fixés par l'usage, et a invité les fidèles à venir lui demander aide et protection, contre le double fléau, toujours menaçant, du choléra et de la révolution.

Enfin en 1860 le danger devenait plus pressant que jamais. Rome se trouvait entre l'invasion piémontaise, au nord, et les bandes auxquelles venait d'être livré le royaume de Naples, au midi. Seul, sans secours humains, n'espérant rien des puissances hostiles ou impuissantes, le Pape leva les yeux vers cette colline d'où il attendait le salut, et ordonna que la vierge de saint Luc serait de nouveau transportée au centre de la ville, pour y être exposée à la vénération des fidèles et recevoir leurs vœux. L'église du Jésus fut encore choisie dans ce dessein.

Il n'entre pas dans notre plan de décrire les processions et les fêtes qui eurent lieu à cette occasion. Le souvenir en est encore présent à la mémoire de ceux qui en furent les témoins. Jamais la foi vive et l'ardente piété des Romains ne s'étaient mieux montrées. On parle encore de ces deux processions du 5 et du 24 juillet, où la Vierge protectrice s'avançait en triomphe à travers les rues de la cité, escortée de tout le clergé séculier et régulier, des congrégations, des confréries, et d'une immense multitude de fidèles priant avec ferveur. Ce n'était point un spectacle, comme il arrive quelquefois, mais une prière et une véritable *litanie*. L'immense nef du Jésus se trouva trop étroite pour la foule, qui ne cessa d'y affluer pendant trois semaines de tous les points de la ville. Rome entière s'était donné rendez-vous aux pieds de sa patronne. Chaque jour des cardinaux, des évêques, des membres de la prélature, des religieux venaient célébrer le saint sacrifice à l'autel où elle était exposée. Le saint-père en avait donné l'exemple. Il faut avoir vu ce concours pour s'en faire une idée. Est-il besoin d'ajouter que la piété seule en était la cause, que tout éclat de cérémonie, toute musique en était bannie, et que la dévotion des fidèles, loin de se fatiguer, ne fit que s'accroître jusqu'au dernier jour? Jamais elle n'avait mieux éclaté que dans la procession du retour, suivie, malgré la chaleur, par plus de 6 ou 7 mille personnes, selon les évaluations les plus modérées, où on ne se lassait pas d'admirer, non-seulement l'ordre le plus parfait, mais un recueillement, une modestie, une ferveur, que l'on peut à peine attendre des novices et des religieux les plus austères, et qui ne se démentit pas un instant pendant ce long trajet de plus de deux heures.

On se demandera peut-être si la sainte Vierge a exaucé ces ardentes et solennelles supplications. Pour des chrétiens la réponse ne saurait être douteuse. Elle ne nous donne pas toujours ce que nous lui demandons ; mais quand elle le refuse, c'est pour nous accorder une grâce d'un ordre supérieur. Ainsi elle remplissait du courage des martyrs et couronnait de leur gloire, les fidèles qui l'avaient implorée pour obtenir la paix dans les persécutions. Mais ici nous n'en sommes pas réduits à recourir à ces lumières de notre foi.

Deux mois entiers ne s'étaient pas écoulés, qu'elle accordait à l'Église cette défaite de Castelfidardo, « triomphante à l'envi d'une victoire; » et ce siége d'Ancône, qui faisait tomber les derniers masques dont se couvrait encore l'hypocrisie de ses ennemis. La révolution semblait grandir quelque temps encore : mais bientôt Dieu bri-

sait de sa main l'instrument dont il s'était servi pour
châtier l'Italie, et jetait dans les conseils de ses ennemis le
trouble et la confusion, précurseurs de leur ruine ; en
même temps qu'il remplit d'une assurance surnaturelle
le cœur de son pontife, et tous ses enfants d'une sereine
espérance (1).

COPIES.

Pendant plusieurs siècles, un sentiment de respect et
de vénération empêcha les souverains pontifes d'autoriser
les peintres à faire des copies de la Vierge de saint Luc.
Saintement jaloux de ce trésor, ils ne voulaient non plus
le communiquer que les corps des apôtres et des premiers
martyrs, et les reliques du Sauveur et de sa Mère, qui atti-
rent à Rome les pèlerins du monde entier. — Ils savaient
d'ailleurs que sa puissance n'était pas renfermée avec elle
au fond de son sanctuaire de Sainte-Marie Majeure : témoin ce cardinal Colonne, à qui elle apparaît au milieu
des flots soulevés de la Méditerranée, et les grâces innombrables accordées aux fidèles, qui, de tous les points de la
terre, se transportaient en esprit aux pieds de son autel.

Mais cela ne pouvait suffire toujours à la ferveur et aux
pieux désirs de ses dévots. Il se trouva un saint pour être
leur interprète, et un Pape pour les satisfaire.

Saint François de Borgia, second général de la compagnie de Jésus, était lié avec saint Pie V par une de ces
amitiés que la sainteté établit entre les grandes âmes. Il

(1) Ces lignes étaient écrites dans les derniers jours de 1861. Le monde retentit encore des événements qui se sont accomplis depuis.

Jamais Dieu n'était plus visiblement intervenu dans les affaires humaines. Au
milieu même de ses ennemis, déchaînés contre lui d'un bout de l'Italie à l'autre,
le souverain pontife s'est vu entouré, à Rome, de toutes les forces vives de
l'Église, et puisant dans ce concours un courage nouveau pour des luttes nouvelles, il a pu remercier la sainte Vierge de la protection vraiment miraculeuse
dont elle le couvre.   (*Juillet* 1862.)

lui demanda et en obtint l'autorisation si longtemps dé-
sirée. Voici dans quelles circonstances. Le bienheureux
Ignace Azévédo se préparait à partir pour le Brésil, avec une
centaine de pères et de frères, de la Compagnie de Jésus. Il
s'agissait d'affronter la barbarie de peuplades encore in-
connues, et de traverser des mers sillonnées par des pi-
rates hérétiques, plus cruels que les sauvages eux-mêmes.
Leur général voulut mettre cette mission sous la protection de la sainte Vierge, et leur donner son image, comme
un secours assuré contre tous les périls. Saint Pie V com-
prit ce sentiment, et fit fléchir la coutume et les décrets
de ses prédécesseurs, qui jusqu'alors s'y étaient opposés.
François s'adressa aux meilleurs peintres du temps et en
fit faire plusieurs copies.

Azévédo en reçut deux : une plus grande, destinée à
servir comme de mère aux Indiens, dans une des églises
qu'il allait fonder; l'autre plus petite, qu'il devait porter
avec lui dans ses courses apostoliques.

On sait comment le navire qu'il montait avec une partie
de ses compagnons fut séparé, par un coup de vent, du
reste de l'escadre portugaise, et livré, en vue de l'île de
Palma, aux cinq vaisseaux du corsaire calviniste Jacques
Sourie. La lutte fut héroïque. L'équipage du *Saint-
Jacques* n'était composé que de quarante hommes : mais
ils avaient fait le serment de combattre jusqu'à la mort.
Sourie dut engager ses cinq bâtiments à la fois. Il fallut
enfin céder au nombre : il ne restait plus que douze Por-
tugais vivants, criblés de blessures, lorsqu'ils déposèrent
les armes. Vingt-neuf jésuites étaient descendus à fond
de cale. Onze, des plus âgés, étaient restés sur le pont,
pour encourager et assister les combattants. Azévédo, au
milieu d'eux, appuyé au grand mât, tenant à la main la
Vierge de saint Luc, semblait l'âme de la défense. Un

calviniste pénètre jusqu'à lui, et d'un coup de sabre lui ouvre le crâne et met la cervelle à nu. Aveuglé par le sang qui coule de sa blessure, le Père ne cesse d'élever son image et de soutenir les siens, jusqu'à ce qu'il tombe enfin percé de trois coups de pique. Il respirait encore, et veut que son dernier soupir soit une dernière confession de sa foi. Sa voix domine le tumulte de la mêlée; catholiques et protestants l'entendent : — « Les hommes et les « anges sont témoins, s'écrie-t-il, que je meurs pour la « défense de la sainte Église catholique, apostolique « et romaine. » Les calvinistes essayent de lui enlever l'image en laquelle il puisait cette force surnaturelle : sa main mourante la retient d'une si puissante étreinte qu'ils sont contraints de la lui abandonner. Le combat n'était pas encore fini : ils y retournent un instant, assurés de le retrouver bientôt. Les siens profitent de ce moment de répit pour l'entourer et lui prodiguer leurs soins. Il les exhorte une dernière fois au martyre, et va le premier recevoir sa couronne.

Quelques heures après, il ne restait plus qu'un frère jésuite vivant à bord. On revint au cadavre d'Azévédo. Sa main glacée tenait encore l'image : tous les efforts pour la lui arracher furent vains. Il fallut la jeter avec lui à la mer.

Mais la sainte Vierge s'était ménagé une nouvelle victoire. Le corps de son serviteur ne disparaît point dans l'abîme. Il reste à la surface, élevant au-dessus des flots la triomphante image. Pendant la nuit il s'approche du navire. Un des Portuguais épargnés par les corsaires, put la recevoir de ses mains, et la conserva en cachette, au péril de sa vie, jusqu'au jour où il lui fut donné de la remettre aux jésuites de Madère.

Plus tard elle arriva enfin à sa destination, à cette terre du Brésil, qu'Azévédo et ses frères avaient conquise au prix de leur sacrifice. Elle fut déposée dans l'église du collége que la compagnie possédait à Bahia. On y voyait encore les traces du combat, et comme la signature du martyr, dans l'empreinte de ses doigts sanglants (1).

Les autres copies, faites par les soins de saint François de Borgia, n'ont pas eu une aussi tragique destinée. On en connaît encore deux à Rome. L'une est conservée dans la maison professe du Jésus; et l'autre fait l'ornement de cette pieuse chapelle intérieure du noviciat des jésuites, érigée dans la cellule où a vécu saint Stanislas Kotska, et où il a rendu son âme à Dieu sous le regard même de cette Mère bien-aimée.

Ces premières copies sont la source d'où sont dérivées toutes les autres, qui depuis lors se sont multipliées sans mesure. La piété des fidèles ne cessait de les demander aux peintres, et les peintres à leur tour aimaient à payer ce tribut de leur art à Marie. Rome en est pleine. Il n'est pas rare d'en trouver au dehors de l'Italie. J'en ai vu une fort belle et très-fidèle, reléguée, je ne sais pourquoi, au fond de la sacristie de l'église de la Madeleine, à Aix ; j'en ai trouvé d'autres dans des musées ou des collections particulières.

Mais il s'en faut de beaucoup que toutes rappellent fidèlement le portrait original. Les peintres amollis du dix-septième et du dix-huitième siècle ont affadi cette grande et noble figure. Ils ont rapetissé ses traits, adouci le coloris des joues et fait sourire ses lèvres : vous diriez une de ces femmes vulgaires dont ils ont chargé leurs toiles : on ne la reconnaît plus guère qu'à sa pose et aux draperies de ses vêtements.

(1) V. Bartoli, *Degli uomini e dei fatti della C. di G. Memorie storiche*, lib. IV, 1841.

De vitâ et morte patris Ign. Azevedo et sociorum ejus, lib. IV. — *Auct. Pero Possino ejusdem societatis*, Roma, 1679, p. 355,

De nos jours, les évêques de l'Amérique du Nord sont rentrés dans la voie ouverte par saint François de Borgia. Ils se servent de ces images pour établir, sur cette terre lointaine, des sanctuaires qui soient comme une image de Sainte-Marie Majeure : églises filles, rattachées souvent à leur mère par le lien d'une association spirituelle. Je les ai entendus se féliciter du résultat. Les fidèles ont partagé tout d'abord leurs sentiments de confiance et d'amour. Ils accourent de dix à vingt lieues à la ronde, le jour où la Vierge de saint Luc, ordinairement couverte, lève son voile et leur montre ses traits bien-aimés. Déjà, comme à Rome même, on parle de grâces reçues et de faveurs miraculeuses ; et déjà aussi la reconnaissance et la piété ont décoré ces pèlerinages nés d'hier (1).

La France ne pouvait rester en arrière lorsqu'il s'agit d'honorer Marie ; et l'image de Sainte-Marie Majeure commence à avoir sa place dans cet immense mouvement qui s'opère, depuis quelques années, en faveur du culte de la sainte Vierge et du renouvellement de ses sanctuaires et de ses pèlerinages (2).

Puisse cet opuscule y contribuer pour quelque chose ! C'est ce sentiment qui nous a inspiré la pensée de l'écrire ; c'est lui qui nous a soutenu dans les recherches qui l'ont préparé, et dans les difficultés inhérentes à un récit, où les mêmes faits et les mêmes grâces reviennent sans cesse, presque sous la même forme. Nous désirons qu'il soutienne aussi la patience de ceux qui nous liront et les empêche de ressentir le poids de cette inévitable monotonie.

(1) Nous avons vu plusieurs de ces copies, à Rome, avant leur départ pour les États-Unis. Nous avons le regret d'être obligé de leur adresser, à peu de chose près, les mêmes reproches que nous venons de faire à celles des deux siècles derniers.

(2) On en vénère trois copies dans le seul diocèse de Rennes : à Notre-Dame de Rennes, à Notre-Dame de Vitré et à Notre-Dame de la Guerche.

Si notre travail a eu ses peines, il a eu aussi ses consolations; et c'en était une d'échapper, quelques heures chaque jour, aux tristesses du temps présent et à l'amertume du spectacle qui se déroule sous nos yeux, pour nous entretenir, pendant quelques semaines, de la beauté, de l'amour et de la puissance de celle qui est notre reine et notre mère. Nous déposons humblement à ses pieds ce faible gage de notre dévouement, et nous la prions de l'avoir pour agréable, malgré ses imperfections et ses défauts. Qu'elle daigne le faire servir à sa gloire et au bien des âmes qui lui sont chères, et notre plus ardent désir sera satisfait, et nous aurons reçu la seule récompense que nous ambitionnons ici-bas!

TABLE DES MATIÈRES.

FIN.

Corbeil, typ. et stér. de Crété